기계는 어떻게 움직일까?

MOVING MACHINES

● 글 이언 그레이엄 ● 그림 스튜어트 홈스 ● 옮김 전다은 ●

와이즈만 BOOKs

1판 1쇄 인쇄 2020년 8월 20일   1판 1쇄 발행 2020년 9월 20일

글 이언 그레이엄   그림 스튜어트 홈스   페이퍼 엔지니어 오소리 가방
옮김 전다은   감수 와이즈만 영재교육연구소
발행처 와이즈만 BOOKs   발행인 염만숙   출판사업본부장 김현정
편집 오성임 박종주   마케팅 김혜원 연주민 김유진

출판등록 1998년 7월 23일 제 1998-000170   제조국 중국   사용 연령 8세 이상
주소 서울특별시 서초구 남부순환로 2219 나노빌딩 3층, 5층
전화 마케팅 02-2033-8987   편집 02-2033-8983   팩스 02-3404-1411
전자우편 books@askwhy.co.kr   홈페이지 books.askwhy.co.kr

Original title: Moving Machines © 2019 Quarto Publishing plc
First published in 2019 by QEB Publishing, an imprint of The Quarto Group.
All rights reserved.

이 책의 한국어판 저작권은 EYA(Eric Yang Agency)를 통한 The Quarto Group과의 독점 계약으로 (주) 창의와탐구가 소유합니다.
저작권법에 의하여 한국 내에서 보호를 받는 저작물이므로 무단 전재 및 복제를 금합니다.

이 도서의 국립중앙 중앙도서관 출판예정도서목록(CIP)은 서지정보유통지원시스템 홈페이지
(http://seoji.nl.go.kr)와 국가자료공동목록시스템(http://www.nl.go.kr/kolisnet)에서
이용하실 수 있습니다. (CIP제어번호:CIP2020014527)

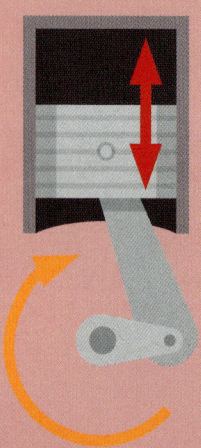

기계 모형을 만드는 키트가 들어 있어요!

구성품

너트와 볼트 x 12

줄 x 4

두꺼운 종이 부품 x 140

키트 안에는 모형을 만들기 위한 부품이 들어 있어요.

바닥

상자   트레이

모형은 상자나 트레이 위에 세워요.
함께 사용하는 구멍은 같은 색상으로
표시되어 있습니다.

모형

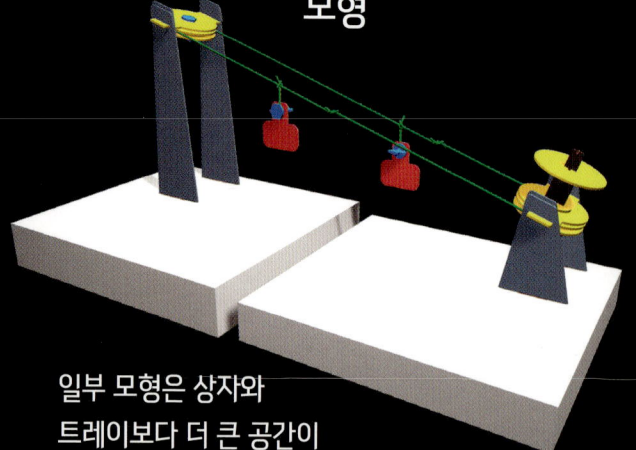

일부 모형은 상자와
트레이보다 더 큰 공간이
필요해요.

차례

들어가기	4	팜 스프링스 공중 전차	24
기본 기계요소1: 지레	6	케이블카 만들기	26
지레 만들기	7	크레인	28
기본 기계요소2: 기어	8	타워 크레인	30
기어 만들기	9	타워 크레인 만들기	32
기본 기계요소3: 랙과 피니언	10	굴삭기	34
랙과 피니언 만들기	11	배거 293	36
기본 기계요소4: 도르래	12	굴삭기 만들기	38
도르래 만들기	13	로봇	40
기본 기계요소5: 피스톤과 크랭크	14	조립 라인 로봇	42
피스톤과 크랭크 만들기	15	로봇 팔 만들기	44
도개교	16	주요 용어 풀이	46
타워 브리지	18	새로운 만들기	47
도개교 만들기	20	찾아보기	48
케이블카	22		

* 어려운 용어는 46쪽 주요 용어 풀이를 참고하세요.

들어가기

기계는 일하기 위해 만든 장치나 도구예요.
작동하기 위해 여러 가지 힘을 이용하지요.
세상에는 작고 단순한 기계부터 크고 복잡한 기계까지
다양한 기계들이 있어요. 자동차 엔진이나 로봇처럼
복잡한 기계도 지레나 기어 같은 간단한 기계요소로
이루어져 있습니다.
이 책은 지레나 기어 같은 간단한 기본 기계요소를 만드는
방법을 소개해요. 이를 활용하면 크레인이나 도개교처럼
복잡한 기계도 만들 수 있답니다.

기계의 움직임과 힘

그림의 화살표는 기계에 작용하는 힘과 움직임을 나타내요. 빨간색은 힘의 방향을, 파란색은 물체가 주는 힘을, 주황색은 움직이는 방향을 나타냅니다.

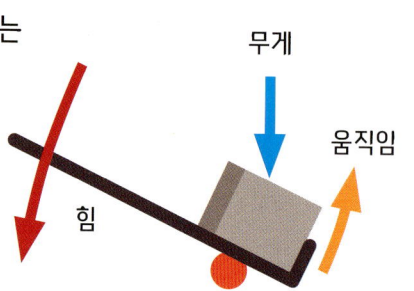

부드럽게 움직이는 기계

기계가 움직이면 맞닿은 부품 사이에서 움직임을 방해하는 힘, 즉 마찰력이 생겨요. 마찰력 때문에 부품이 빨리 닳고 뜨거워집니다. 이를 막기 위해 움직이는 부분에 윤활유(기름)를 발라요. 그러면 부품 사이에 얇고 미끄러운 막이 생기면서 기계가 부드럽게 움직일 수 있습니다.

엔진
뒤쪽의 큰 엔진이 굴삭기에 동력을 공급해요.

조종
운전자가 레버(Lever)로 굴삭기의 팔을 조종해요.

트랙
엔진은 트랙을 이용해 굴삭기를 움직여요.

긴 팔
'지브' 또는 '붐'이라고 불리는 크레인의 긴 팔에는 짐을 들어 올리는 고리가 달려 있어요.

유압
관을 통해 끌어올린 오일(기름)이 굴삭기의 팔을 움직여요. 기름을 눌러 움직인다는 뜻으로 '유압 동력'이라고 합니다.

높은 마스트
타워 크레인은 마스트라고 하는 높은 타워 위에 있어요.

톱니
굴삭기 버킷의 가장자리에는 딱딱한 땅을 부술 수 있는 톱니가 있어요.

무거운 기반
무거운 콘크리트 받침대는 높은 크레인이 넘어가지 않고 똑바로 서도록 도와줘요.

기계의 에너지
기계 부품이 움직이려면 에너지가 필요해요. 아래와 같은 방법으로 에너지를 얻을 수 있습니다.

자연

근육

스프링(탄성)

전기

화석 연료

★ [교과 연계] 과학 6-2 5.에너지와 도구 ★

기본 기계요소1
지레

지레는 무거운 물건을 움직이는 데 사용하는 막대예요. 지레를 받침대 위에 올려놓고(받침점) 한쪽 끝을 움직이면(힘점), 반대쪽이 올라가며(작용점) 물건을 들어 올릴 수 있어요. 모든 지레에는 받침점과 힘점, 작용점이 있습니다.

힘의 이득

지레를 이용하면 적은 힘으로 무거운 물건을 쉽게 들어 올릴 수 있어요. 이를 힘의 이득이라고 해요. 힘의 이득을 최대한 얻으려면 물건을 받침점에서 짧은 쪽에 놓고, 지레의 긴 쪽을 잡고 힘을 주어야 합니다.

고대 이집트에서는 피라미드를 만들 때 지레를 이용해 무거운 돌을 옮겼어요.

지레의 종류

지레에는 세 종류가 있어요.

1종 지레 : 받침점이 힘점과 작용점 사이에 있는 지레예요. 대표적으로 쇠지레, 가위, 시소 등이 있어요.

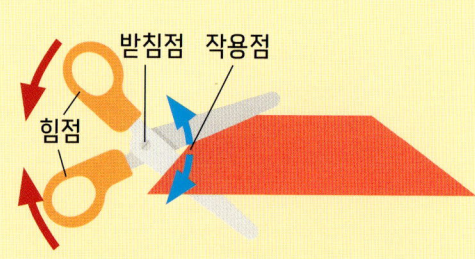

2종 지레 : 작용점이 힘점과 받침점 사이에 있는 지레예요. 대표적으로 손수레 등이 있어요.

3종 지레 : 힘점이 받침점과 작용점 사이에 있는 지레예요. 핀셋은 한쪽 끝이 결합된 3종 지레예요.

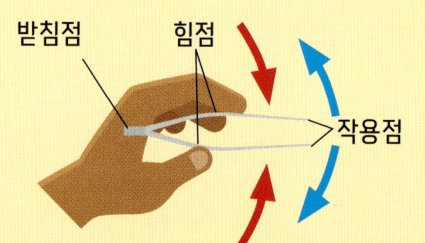

만들기 지레

준비물

너트 x 2, 볼트 x 2

Db x 2

Ea x 2

T

Cd x 2

Cg x 2

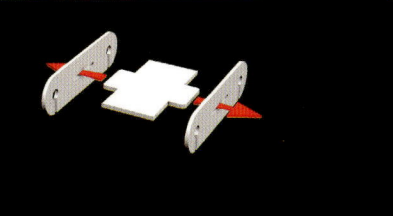

2 T조각에 2개의 Cd조각을 연결하여 작은 받침을 만들어요.

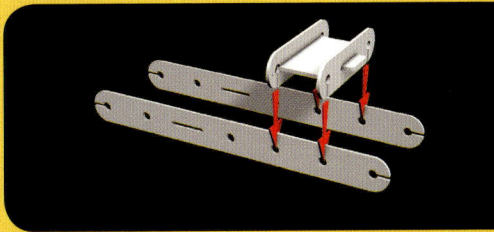

3 2번에서 만든 작은 받침을 2개의 Cg조각에 끼워요.

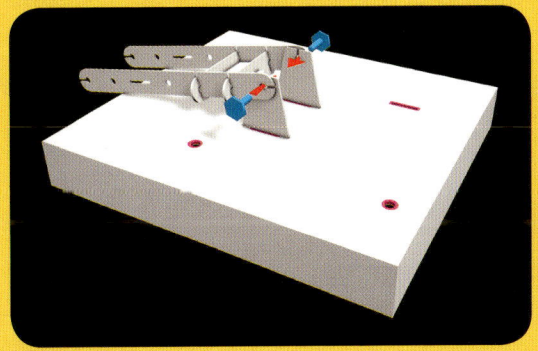

4 그림과 같이 손수레를 만들어요. 작은 받침에 무거운 물건을 놓고, 지레를 들어 올려 보세요. 꽤 무거워요.

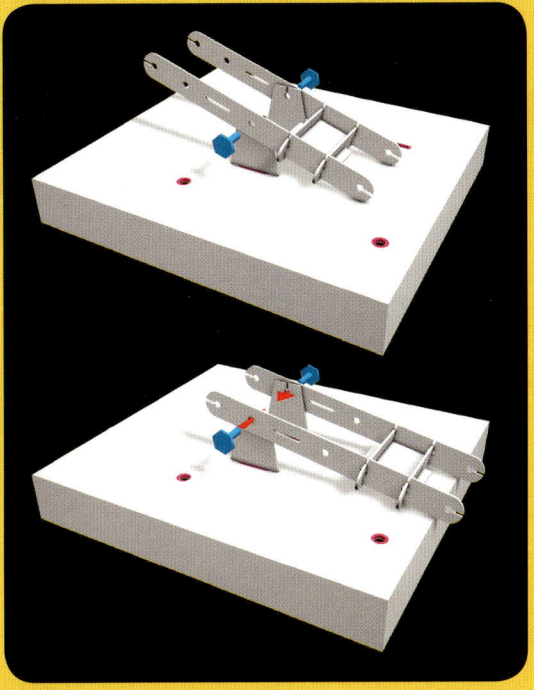

5 그림과 같이 받침의 위치를 바꿔요. 다시 무거운 물건을 놓고, 지레를 들어 올려 보세요. 받침의 위치에 따라 힘이 얼마큼 필요한지 비교해 보세요.

QR코드를 찍어 완성품을 확인해 보세요.

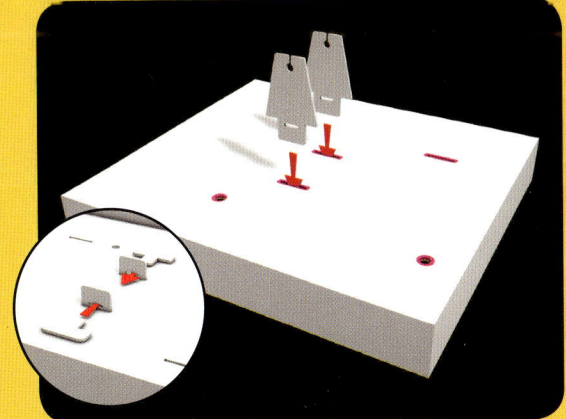

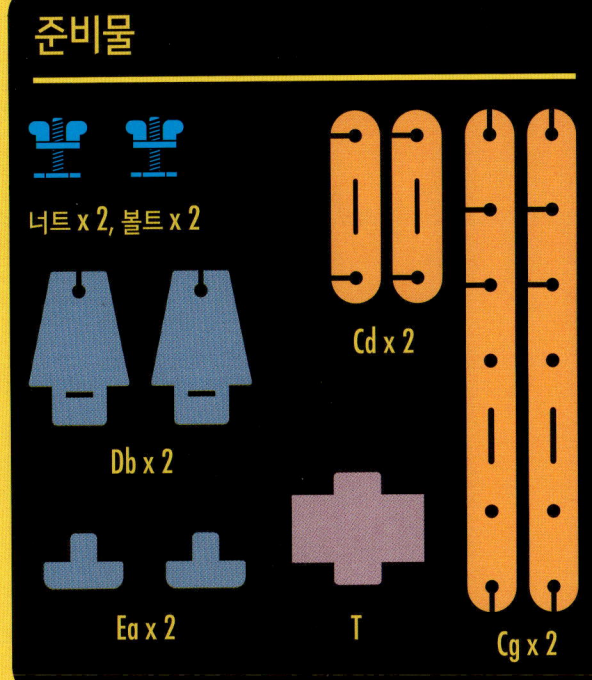

1 Db조각 2개를 트레이 바닥의 분홍색 구멍에 꽂아요. 트레이를 뒤집어 Db조각에 Ea조각을 끼워 고정해요.

기본 기계요소2
기어

기어는 가장자리에 톱니가 있는 바퀴예요. 톱니끼리 서로 맞물려 있어서 하나의 기어가 회전하면 다른 기어도 같이 회전해요. 회전축 또는 수직축의 속도나 방향을 바꿀 때 기어를 사용하며, 자동차와 시계에서 많이 볼 수 있어요.

반대 방향으로 회전
두 기어가 맞물려 있을 때, 하나의 기어가 회전하면 다른 기어는 항상 반대 방향으로 회전해요. 두 바퀴의 크기가 같으면 회전 속도도 같습니다.

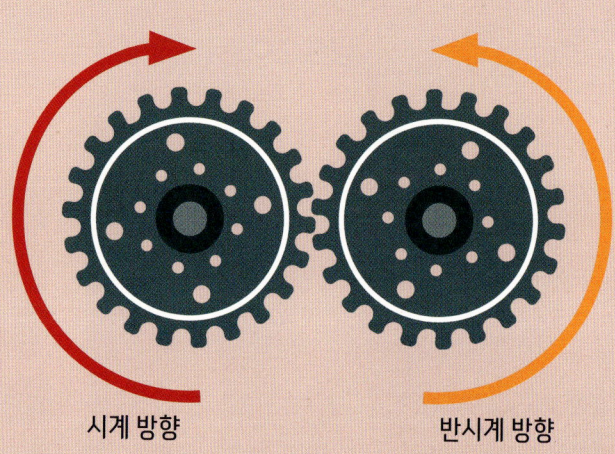

시계 방향   반시계 방향

전기 모터   기어   움직이는 축

기어의 속도 낮추기
드릴 내부의 전기 모터는 1,500 rpm(분당 회전수) 속도로 빠르게 회전해요. 기어는 모터의 회전 속도를 줄일 수 있어요. 속도가 줄면 회전하는 힘은 더 커져서 단단한 재료에도 구멍을 낼 수 있습니다.

회전 속도의 변화
작은 기어로 큰 기어를 움직이면, 큰 기어는 작은 기어보다 느리게 회전해요. 그 대신 회전하는 힘은 더 커져요. 큰 기어로 작은 기어를 움직이면, 작은 기어는 큰 기어보다 빠르게 회전하지만, 회전하는 힘은 줄어들어요. 회전하는 힘을 '토크'라고 부르기도 해요.

빠르게 회전   느리게 회전

만들기 기어

준비물

너트 x 3, 볼트 x 3

Ga, Gb, Gc

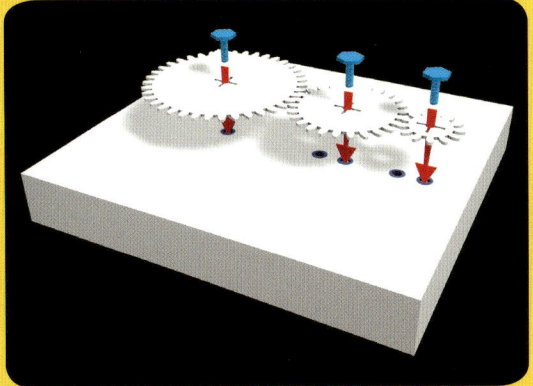

1 기어 Ga, Gb, Gc조각 가운데에 볼트를 끼워 트레이 바닥의 보라색 구멍에 꽂아요. 너트는 기어가 움직일 수 있도록 가볍게 조여요. 하나의 기어를 회전하여 다른 기어가 어떻게 회전하는지 관찰해요.

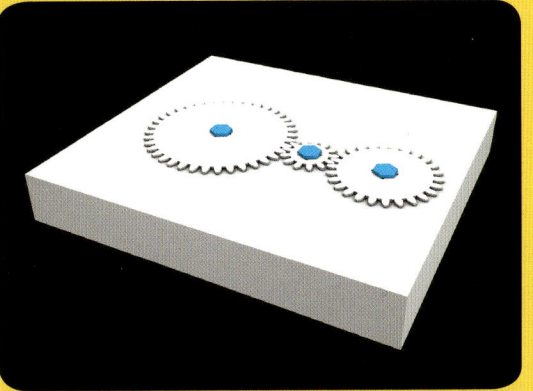

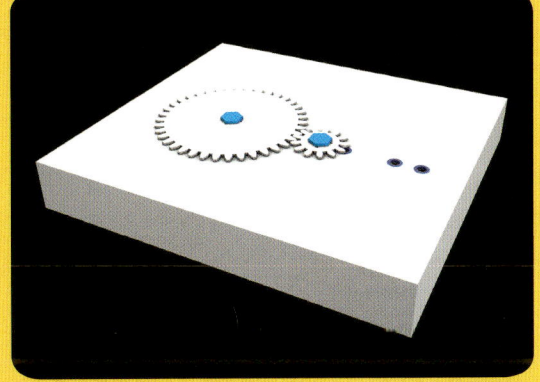

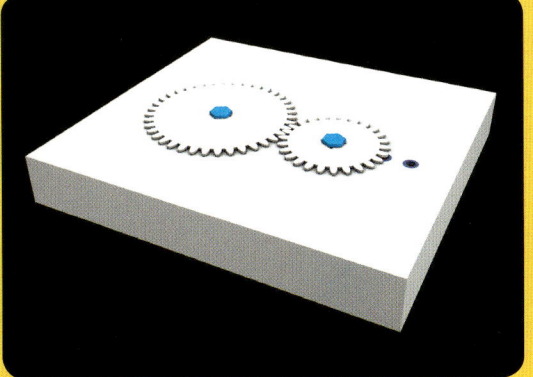

2 그림처럼 기어를 다르게 조합하여 연결해요. 어떤 방향으로 회전하고, 속도는 어떻게 변하는지 관찰해요.

QR코드를 찍어 완성품을 확인해 보세요.

기본 기계요소3
랙과 피니언

랙과 피니언은 한 쌍의 기어로, 보통 기어와는 조금 달라요. 랙은 톱니가 있는 직선 막대이고, 피니언은 작은 원형 기어예요. 랙과 피니언의 톱니는 서로 맞물려 있어서, 피니언 기어가 회전하면 랙이 직선 방향으로 움직여요.

피니언 기어가 회전하면

랙이 직선 방향으로 움직여요.

톱니가 있는 기차

기차는 가파른 언덕을 잘 올라가지 못해요. 강철로 된 바퀴가 강철로 된 철도에서 미끄러지기 때문이에요. 철도 사이에 랙을 설치하면 기차가 언덕을 올라갈 수 있어요. 엔진이 기차 아래쪽의 피니언 기어를 돌리면, 랙이 피니언 기어의 톱니를 밀면서 기차가 위로 올라갑니다.

피니언 기어   랙   철도

조향 기어 (방향을 조작하는 기어)

자동차의 방향을 바꿀 때 랙과 피니언 기어를 이용해요. 핸들을 좌우로 돌리면 앞바퀴와 연결된 피니언 기어가 회전하고, 이 피니언 기어가 랙을 왼쪽이나 오른쪽으로 움직이면서 바퀴의 방향을 바꿉니다.

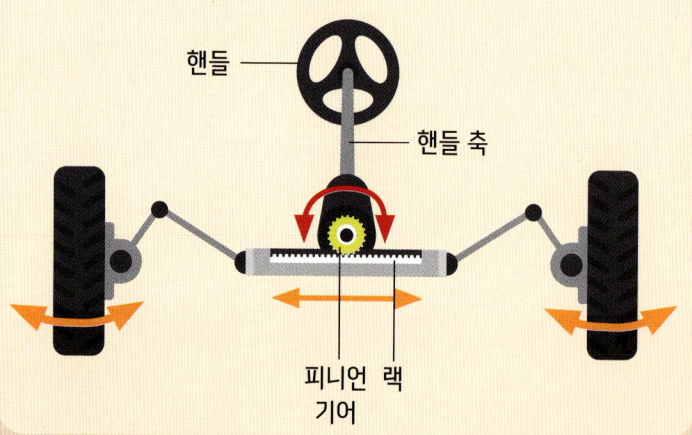

핸들
핸들 축
피니언 기어   랙

만들기 랙과 피니언

준비물

너트 x 3, 볼트 x 3

Ea x 2 De

Gf

Ge

1 상자 바닥에 기둥이 되는 De조각을 꽂아요. 상자를 뒤집어 De조각이 나온 양쪽 구멍에 Ea조각을 끼워 고정해요.

2 3개의 볼트를 사용하여 Ge와 Gf조각을 De조각에 조립해요. 조각을 자유롭게 움직일 수 있도록 너트를 너무 세게 조이지 않아요.

QR코드를 찍어 완성품을 확인해 보세요.

기본 기계요소 4
도르래

도르래는 홈이 있는 바퀴에 밧줄을 건 도구예요. 힘의 방향을 바꾸거나 적은 힘으로 물건을 옮길 때 사용해요. 자동차 엔진, 크레인 등 모든 종류의 기계에서 도르래를 볼 수 있어요.

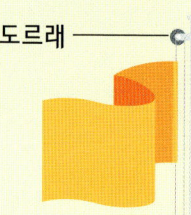
도르래

도르래

도르래

힘의 방향 변화

무거운 짐을 든다고 상상해 보세요. 혼자서는 어려워요. 하지만 도르래를 이용하면, 체중을 실어 잡아당기기 때문에 짐을 쉽게 들어 올릴 수 있어요.

힘
무게

힘
무게

무게의 공유

2개 이상의 도르래를 밧줄에 연결하면 짐을 더 쉽게 들어 올릴 수 있어요. 도르래 2개를 이용하면 필요한 힘은 절반으로 줄어들어요. 도르래를 많이 쓸수록 더 쉽게 짐을 들어 올릴 수 있습니다.

도르래 1개
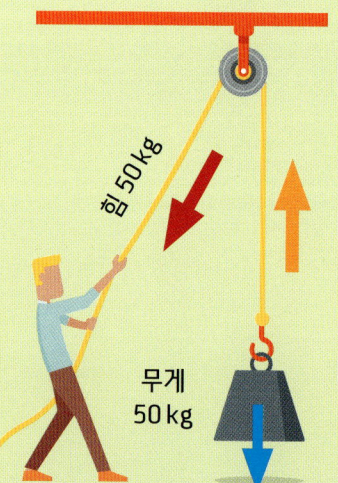
힘 50kg
무게 50kg

도르래 2개
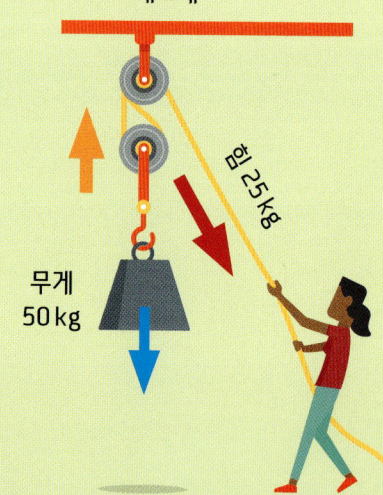
힘 25kg
무게 50kg

12 ★ [교과 연계] 과학 4-1 4. 물체의 무게 ★

만들기 도르래

준비물

너트 x 9, 볼트 x 9

Ca x 5

Da x 4

Ea x 2

Ba x 2

Bb x 2

Ha x 3

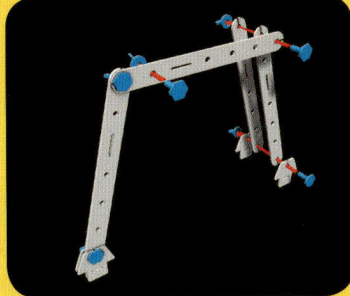

1 바닥에 고정할 2개의 Da조각 사이에 2개의 Ca조각을 넣고, 볼트와 너트로 조여요. 이런 기둥을 2개 만들어요. 만들어진 2개의 기둥 끝을 Ca조각으로 연결해요. 그림과 같이 기둥을 연결한 Ca조각에 볼트 하나를 추가해요.

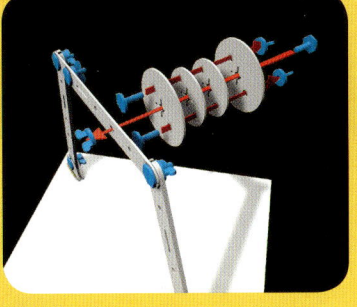

3 원형 Bb와 Ba조각을 이용해 도르래 바퀴를 만들어요. 큰 원형 사이에 작은 원형 2개를 넣고 2개의 볼트로 조여요. (십자 구멍이 일치하는지 확인해요.) 그림과 같이 1번에서 만든 기둥 중간에 바퀴를 볼트로 연결해요. 너트를 너무 세게 조이지 않아요.

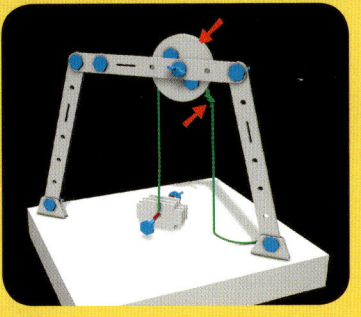

4 2개의 줄을 이어서 바퀴의 홈에 넣어요. 줄의 한쪽 끝에는 Ha조각 3개와 볼트를 조립해서 만든 추를 연결해요.

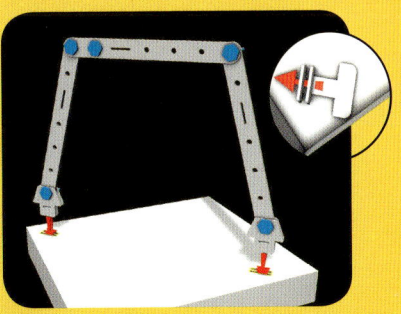

2 1번에서 조립한 기둥을 트레이 바닥에 꽂아요. 바닥을 뒤집어 기둥을 고정하는 Ea조각을 끼워요.

QR코드를 찍어 완성품을 확인해 보세요.

기본 기계요소 5
피스톤과 크랭크

실린더 안에서 위아래로 움직이는 원통형 장치를 피스톤, 피스톤에 연결된 팔을 크랭크라고 해요. 피스톤과 크랭크는 상하 직선 운동을 회전 운동으로 바꿀 수 있고, 반대로 회전 운동을 상하 직선 운동으로 바꿀 수 있어요.

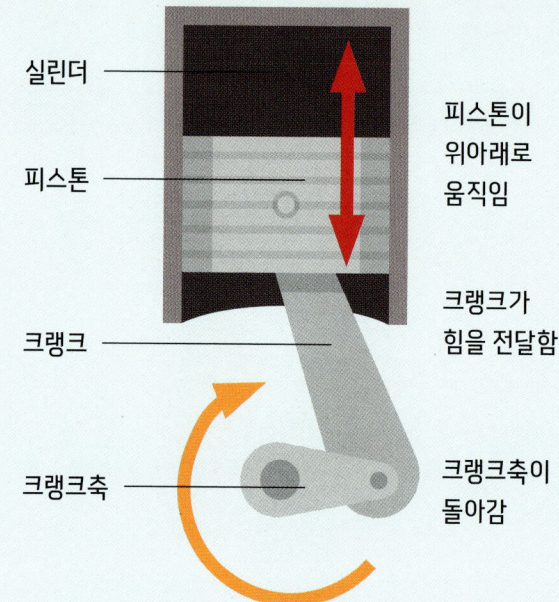

바퀴의 회전

거의 모든 자동차, 버스, 트럭, 오토바이의 엔진 내부에 피스톤과 크랭크가 있어요. 연료를 태우면 실린더 안에서 피스톤이 위아래로 움직이고, 크랭크가 이를 회전 운동으로 바꾸어 자동차 바퀴를 돌립니다. 여러 개의 크랭크가 크랭크축이라는 막대에 같이 연결되어 있어요.

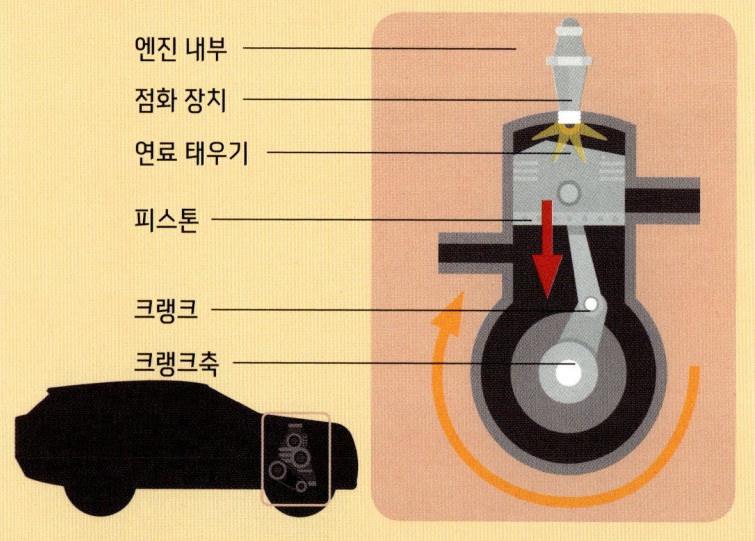

펌프 잭

엔진의 회전 운동을 상하 운동으로 바꾸어, 땅속 깊은 곳에서 오일을 퍼 올리는 기계예요. 위아래로 움직이는 모습 때문에 '끄덕이는 당나귀'라고 불리기도 해요.

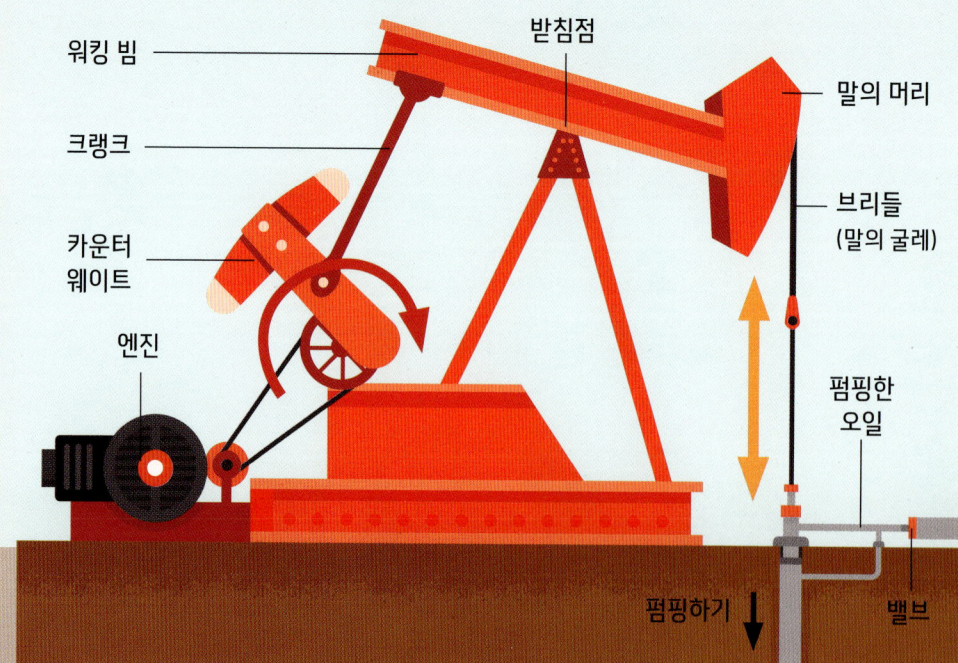

만들기 — 피스톤과 크랭크

준비물

너트 x 7, 볼트 x 7

Ca x 4, Cb x 2, Cc, P, Q, Eb, Da x 2, Bd, Bc, J x 3, Bf, Ea x 4, Fe, Ff, Dc, Dd, Df x 2

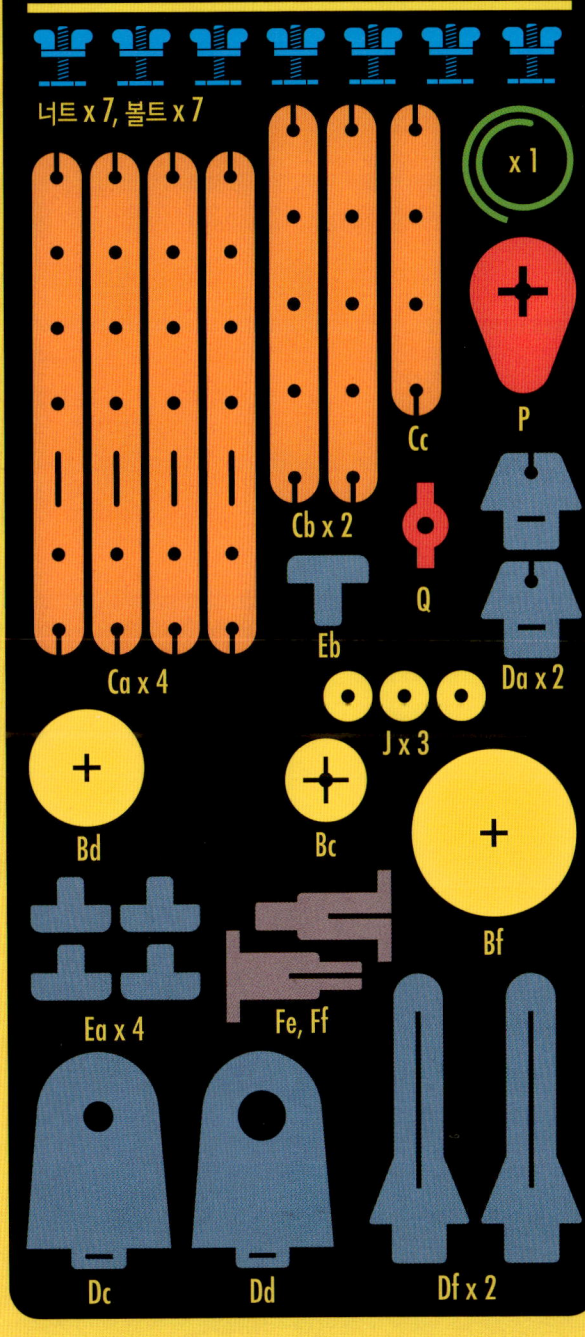

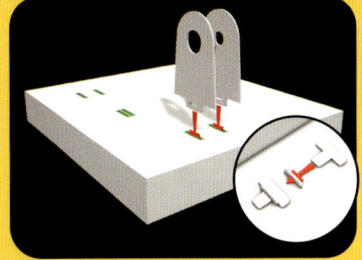

1 트레이 바닥에 Dd, Dc 조각을 꽂아요. 바닥을 뒤집어 Ea조각을 끼워 고정해요.

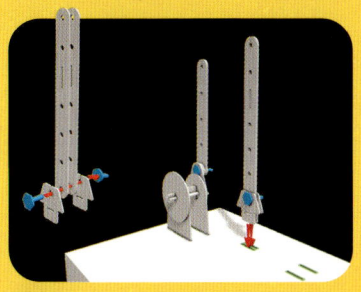

3 막대 Ca조각 2개와 받침 Da조각 2개를 볼트로 연결해요. 두 번째 기둥을 트레이 바닥에 끼우고, 밑에서 Eb조각을 끼워 고정해요.

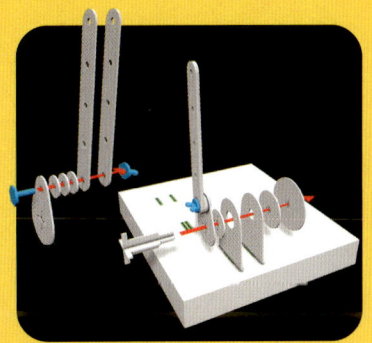

2 P조각, 원형 J조각 3개, 막대 Cb조각 2개를 볼트로 연결해요. 회전해야 하므로 너무 세게 조이지 않아요. Fe와 Ff조각을 끼워 축을 만들어요. 그림처럼 축을 이용하여 P, Bc조각, 바닥에 고정된 Dd, Dc조각, 그리고 Bd, Bf조각을 차례대로 연결해요.

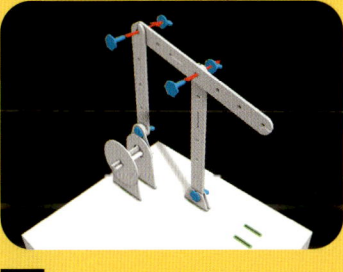

4 막대 Ca조각을 볼트로 고정하고, 너트로 가볍게 조여요.

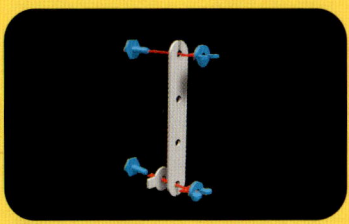

5 기둥 Cc조각 끝에 Q조각을 볼트와 너트로 조여 연결해요. 기둥의 반대쪽 끝에도 볼트와 너트를 추가해요.

6 Q조각의 튀어나온 부분에 스탠드 Df조각을 넣어요. 트레이 바닥에 Df조각을 꽂고 밑에서 Ea조각으로 고정해요.

7 그림과 같이 팔의 끝과 크랭크 끝을 줄로 연결해요. 이때 P조각의 뾰족한 부분이 위쪽, 크랭크가 아래쪽을 향하는지 확인하고 연결해요.

QR코드를 찍어 완성품을 확인해 보세요.

도개교

도개교는 열리는 다리로, 가동교라고도 해요. 수백 년 전에는 성을 방어하기 위해 물이 가득 찬 수로를 만들고, 그 위에 도개교를 놓았어요. 적이 안으로 들어오지 못하도록 한 거예요. 현대의 도개교는 강을 가로지르고 있으며, 다리 밑으로 배가 지나갈 수 있도록 열립니다.

고대 이집트의 도개교, 누비아(BC 2000)
누비아 부헨 요새에 있는 도개교는 회전 장치를 통해 나왔다 들어갔다 해요.

팰리스 브리지, 세인트피터즈버그(1916)
양쪽으로 열리는 이엽도개교가 등장했어요.

> 한쪽만 열리는 다리를 일엽도개교, 둘로 갈라져 열리는 다리를 이엽도개교라고 해요.

재료

성의 도개교는 돌 지지대에 연결되어 있으며, 나무로 만들어졌어요. 말을 지탱할 만큼 강하지만 사람이 들 수 있을 만큼 가벼웠습니다. 현대의 도개교는 콘크리트와 강철로 만들어져 훨씬 더 크고 무겁습니다.

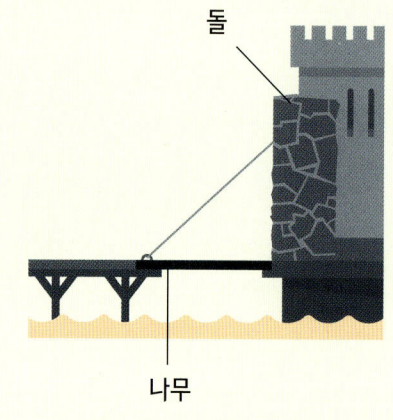

슬라우에르호프 브리지, 네덜란드(2000)
도로의 일부를 비스듬히 들어 올리는 독특한 일엽도개교가 등장했어요.

강도

다리의 일부는 철판과 대들보를 이용해 삼각형으로 만들어져요. 삼각형은 한 면이 다른 두 면을 지탱하는 매우 안정적인 구조이기 때문이에요.

성의 도개교, 유럽(14세기)
성에 설치된 도개교는 사람들이 쉽게 올리고 내릴 수 있도록 무거운 추 같은 걸로 균형을 잡았어요.

타워 브리지, 런던(1894)
다리가 열리면 다리 위의 통행이 중단돼요.

미시간 애비뉴 브리지, 시카고(1920)
양쪽으로 열리는 이엽도개교예요.

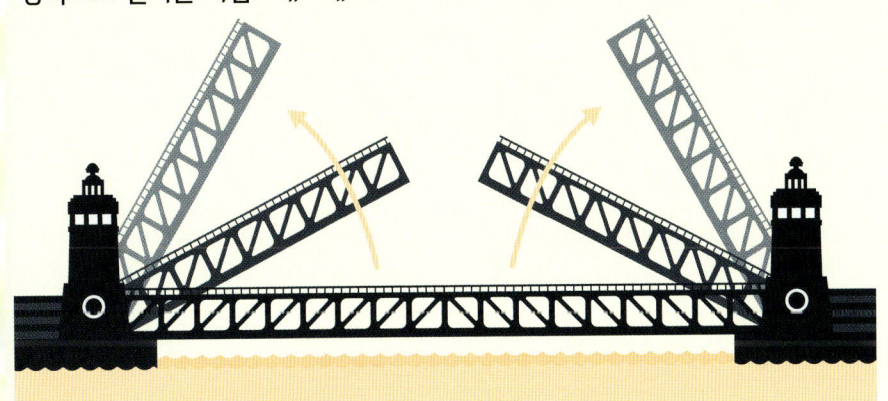

페가수스 브리지, 프랑스(1934)
독특한 회전 방식의 도개교예요.

게이츠헤드 밀레니엄 브리지, 영국(2002)
이 기울어진 도개교는 열리고 닫힐 때의 모습 때문에 '깜박이는 눈'이라고 불려요.

> 다리에서 열리는 부분을 '잎사귀'라는 뜻으로 '엽(Leaf)'이라고 해요.

롤링 브리지, 런던(2004)
유압식 피스톤으로 양쪽 끝을 말아서 팔각형으로 만들어요.

타워 브리지

1894년에 개통한 영국 런던의 타워 브리지는
템스강에 걸쳐 있는 33개의 다리 가운데 하나예요.
배가 지나가도록 도로 한가운데가 열리고
다리가 양쪽으로 절반씩 올라갑니다.
도로를 들어 올리는 기계는 타워 아래에
보이지 않게 숨어 있어요.

타워 브리지의 길이는 244m,
각 타워의 높이는 65m예요.

고층 통행로
보행자가 건너가는 길이에요. 바닥이 통유리로
되어 있어, 42m 아래로 자동차가 지나가는
모습까지 볼 수 있어요. 심지어 발밑으로 다리가
올라오는 모습도 볼 수 있답니다.

매일 40,000명 이상이
타워 브리지를 건너가요.

타워의 옆은 현수교예요.

교각
다리의 무게를 떠받치는 교각에
다리를 움직이는 기계가 설치되어
있어요.

타워 브리지는 배가
지나갈 수 있도록 1년에
1,000회 이상 열려요.

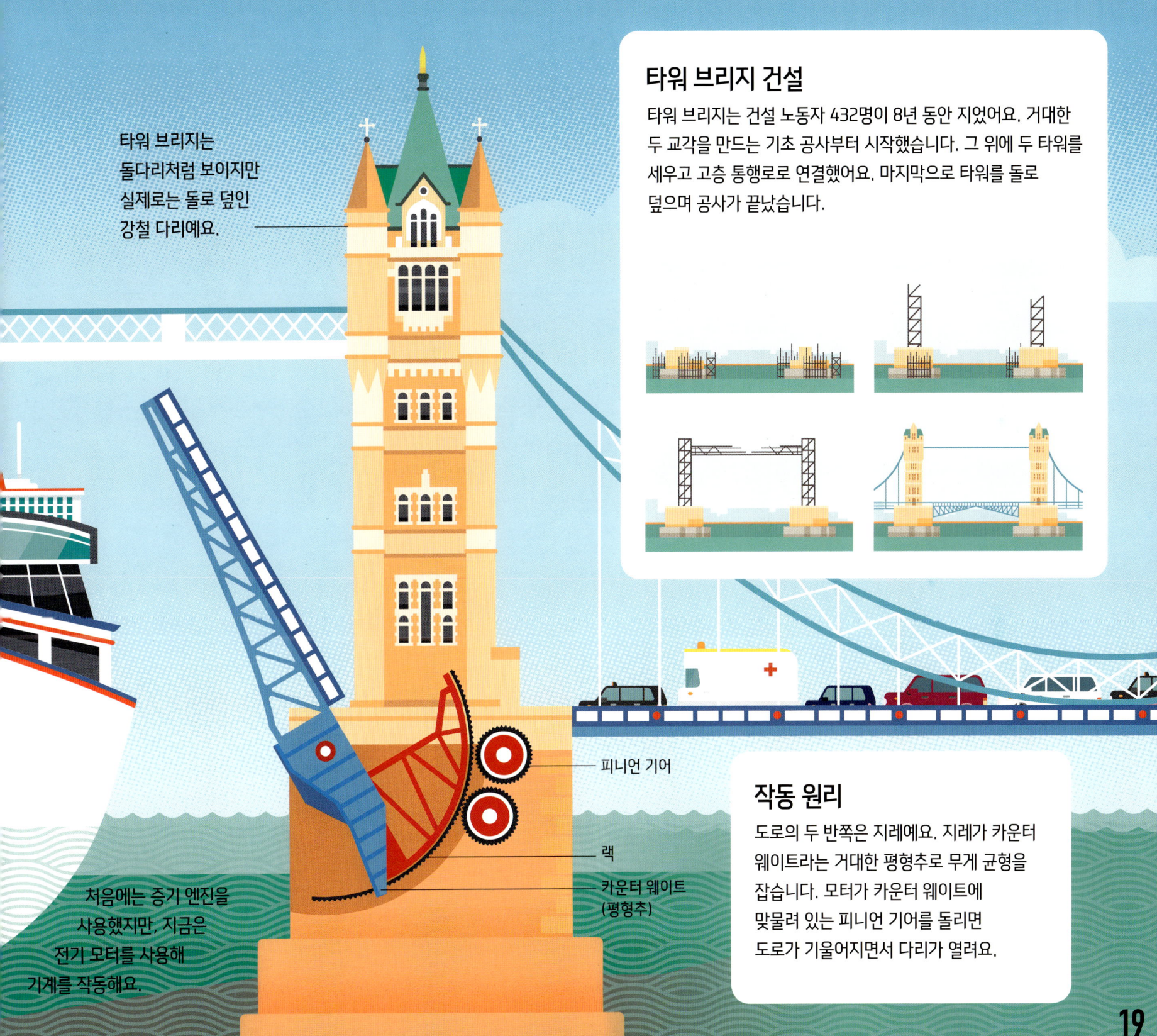

만들기 도개교

준비물

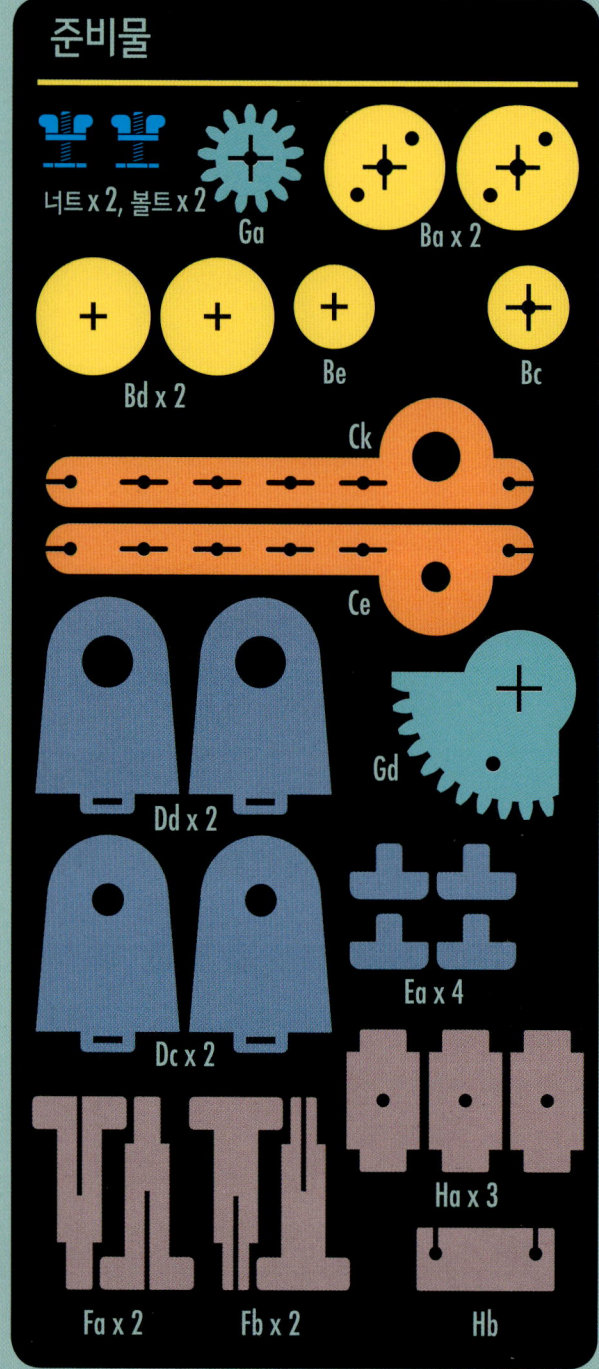

너트 x 2, 볼트 x 2
Ga
Ba x 2
Bd x 2
Be
Bc
Ck
Ce
Gd
Dd x 2
Ea x 4
Dc x 2
Ha x 3
Fa x 2
Fb x 2
Hb

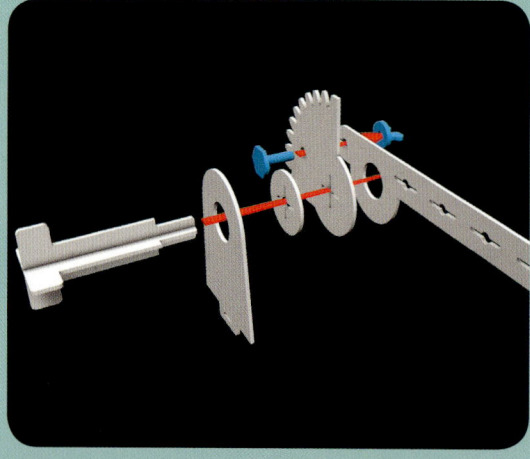

1 Fa와 Fb조각을 연결해 축을 만들어요. 축에 다리를 고정할 Dd와 원형 Bc조각을 연결해요. Gd조각과 다리의 한쪽 Ck조각 끝을 볼트와 너트로 먼저 연결한 다음, 앞서 연결한 축에 꽂아요.

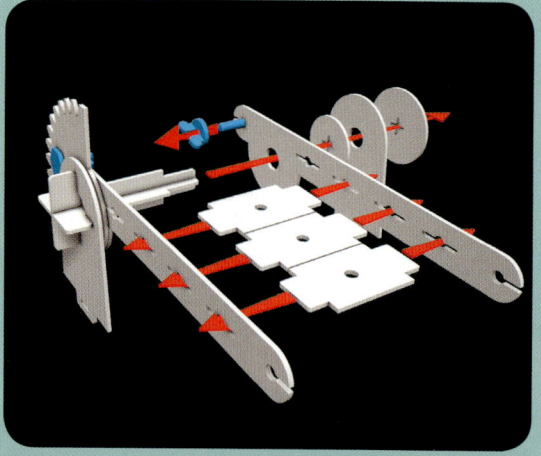

2 1번에서 만든 부분의 Ck조각에 다리의 바닥이 될 Ha조각을 끼워요. 다리의 반대쪽에 Ce조각을 연결해요. 축의 끝에는 원형 Be조각을 먼저 끼우고, 다리를 고정할 Dc와 Bd조각을 차례로 끼워요. 그림과 같이 다리 끝에 볼트와 너트를 추가해요.

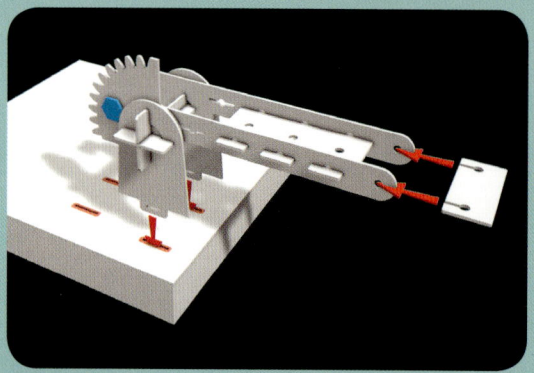

3 그림과 같이 Hb조각을 다리 끝부분에 끼운 다음, 트레이 바닥에 다리를 꽂아요.

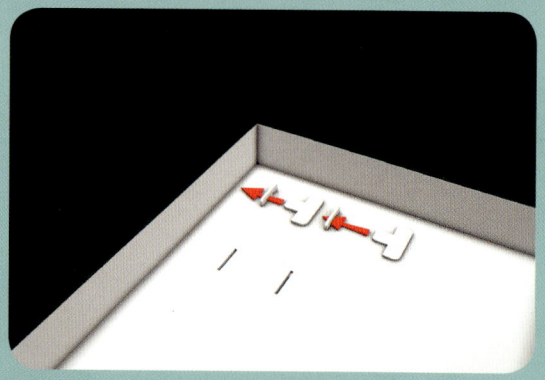

4 트레이를 뒤집어 고정핀 Ea조각을 끼워요.

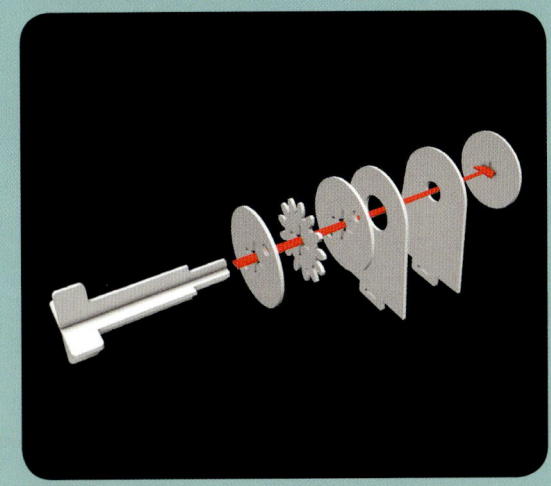

5 Fa와 Fb조각을 연결해 두 번째 축을 만들어요. 원형 Ba조각을 축에 끼운 다음, 기어 Ga, 원형 Ba 조각을 차례로 끼워요. 바닥과 연결될 Dd와 Dc조각을 축에 연결한 다음, 끝에 Bd조각을 끼워요.

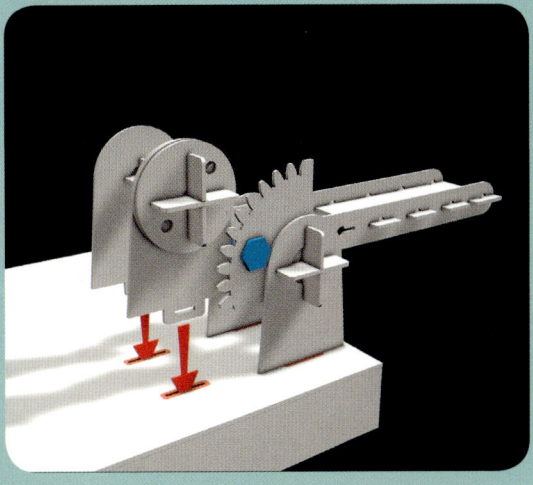

6 5번에서 만든 부분을 4번에서 만든 다리 뒤쪽에 꽂아요. 트레이를 뒤집어 고정핀 Ea조각도 끼워요.

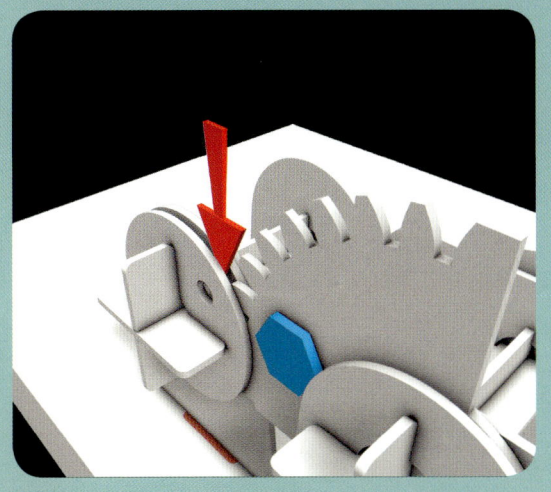

7 다리의 톱니가 5번 부분의 기어와 서로 맞물리게 해요.

QR코드를 찍어 완성품을 확인해 보세요.

노란 바퀴를 부드럽게 돌려 다리를 올리거나 내려 보세요.

케이블카

케이블카 또는 공중 전차는 공중에 매달린 차량으로 사람들을 실어 나르는 운송 수단이에요. 차량들은 높은 철탑에 고정된 강철 케이블에 매달려 있어요. 주로 높은 산악 지대로 올라갈 때 케이블카를 이용하며, 올라간 사람들은 스키를 타고 내려옵니다.

두 종류의 케이블

차량은 하나 또는 두 개의 케이블에 연결되어 있어요. 하나는 각 차량이 고정된 '지지 케이블'이고, 다른 하나는 전기 모터로 차량을 잡아당기는 '운반 케이블'입니다.

지지 케이블　　　　　운반 케이블

최초의 공중 케이블

최초의 공중 케이블은 1644년 폴란드 그단스크에서 만들어졌어요. 말을 이용해 밧줄로 만든 케이블을 움직였습니다. 이 공중 케이블로 강을 건너 언덕 요새까지 건축 자재를 실어 날랐어요.

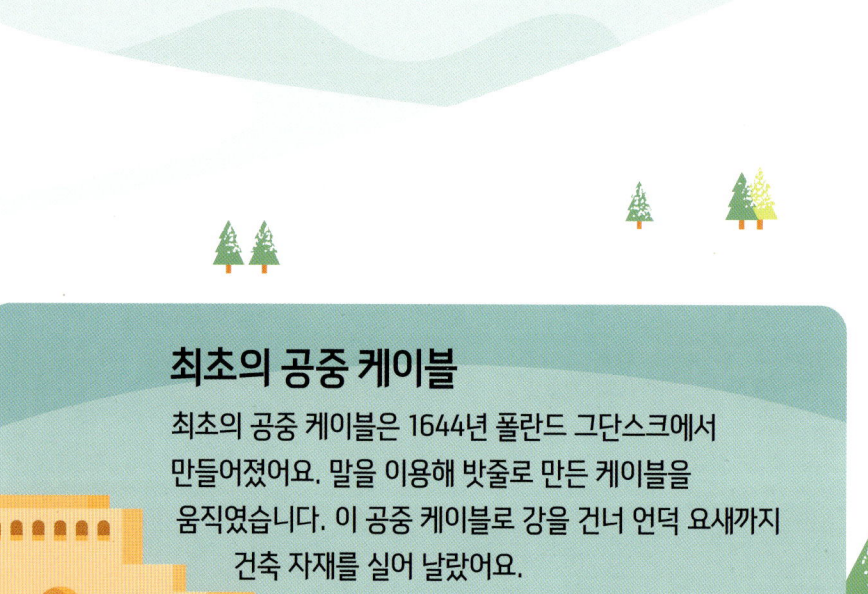

스위스에 있는 그린델발트 케이블카는 6 km 이상 뻗어 있는, 세상에서 가장 긴 케이블카예요.

균형을 이루는 차량

차량을 당겨 높이 올리면 다른 차량은 내려가게 돼요. 한 차량의 무게는 다른 차량과 균형을 이루며, 이는 케이블카가 쉽게 움직이게 도와줍니다.

스키장 리프트

19세기 후반부터 관광 및 스키를 위해 사람을 태우는 케이블카가 만들어졌어요.

이층 케이블카

프랑스의 케이블카 바누아즈 익스프레스는 두 개의 스키장을 연결해요. 2층 차량으로 시간당 2,000명을 운송할 수 있습니다.

샌프란시스코 케이블카

미국 샌프란시스코의 일반 도로에서 운행하는 케이블카예요. 바닥의 강철 케이블을 당겨서 차량이 이동합니다.

팜 스프링스 공중 전차

팜 스프링스 공중 전차는 미국 캘리포니아에 있어요. 코첼라 계곡 사막 아래서부터 이 지역의 가장 높은 샌 하신토산 정상까지(운행 거리 1,790 m) 사람들을 실어 나르지요. 산 정상에서 보는 경치는 아찔합니다.

몇 시간 동안 걸어 올라가야 하는 거리지만, 이 공중 전차로는 12분 30초밖에 걸리지 않아요.

철탑
케이블은 철탑이라는 타워에 걸려 있어요. 철탑은 바위에 단단히 고정되어 있습니다.

1963년에 운행을 시작한 팜 스프링스 공중 전차는 2000년에 새 차량으로 교체되며 현대화되었어요.

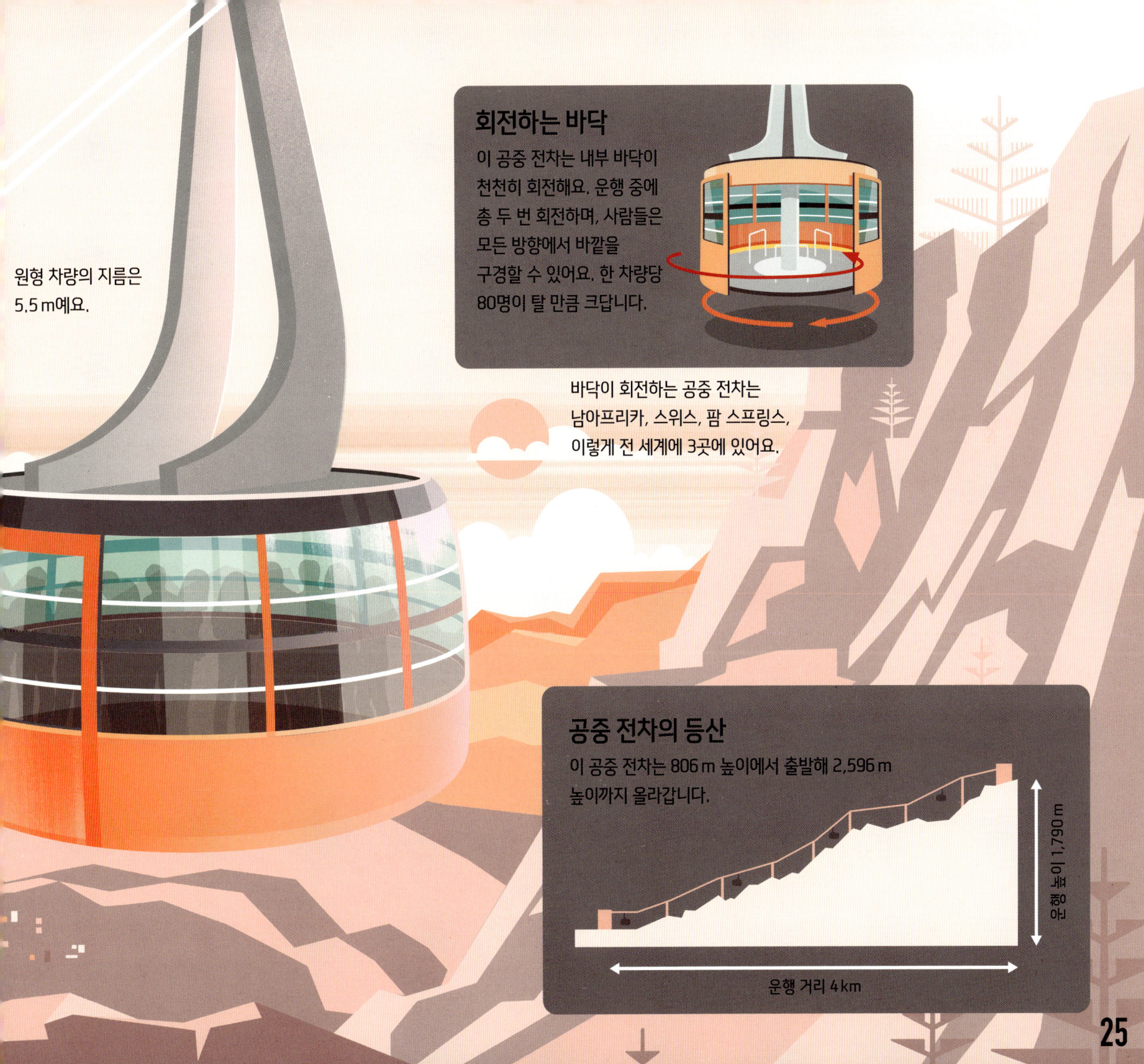

원형 차량의 지름은 5.5 m예요.

회전하는 바닥

이 공중 전차는 내부 바닥이 천천히 회전해요. 운행 중에 총 두 번 회전하며, 사람들은 모든 방향에서 바깥을 구경할 수 있어요. 한 차량당 80명이 탈 만큼 크답니다.

바닥이 회전하는 공중 전차는 남아프리카, 스위스, 팜 스프링스, 이렇게 전 세계에 3곳에 있어요.

공중 전차의 등산

이 공중 전차는 806 m 높이에서 출발해 2,596 m 높이까지 올라갑니다.

운행 높이 1,790 m

운행 거리 4 km

25

만들기 케이블카

준비물

너트 x 7, 볼트 x 7

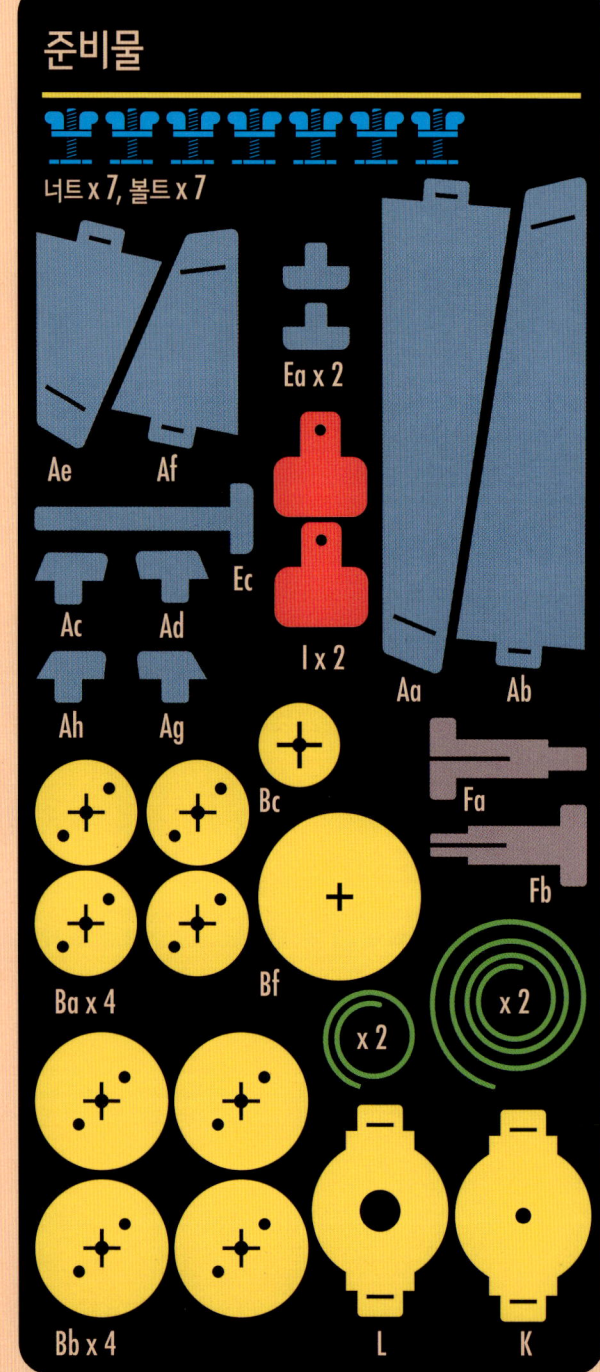

Ae, Af, Ea x 2, Ec, I x 2, Ac, Ad, Ah, Ag, Aa, Ab, Bc, Fa, Fb, Ba x 4, Bf, x 2, x 2, Bb x 4, L, K

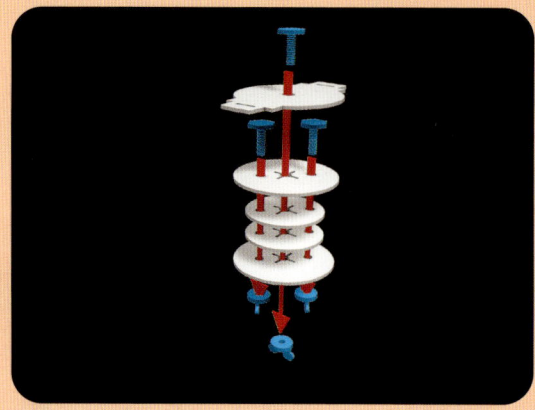

1 원형 Bb, Ba, Ba, Bb조각을 차례대로 놓고, 2개의 볼트와 너트로 고정해요. 틈 사이로 줄이 지나가는 부품이에요. 조립된 원형 부품 위에 K조각을 올려놓고 가운데 볼트를 끼우고 너트로 고정해요.

2 K조각 가장자리에 2개의 높은 기둥 Aa, Ab조각을 끼워요.

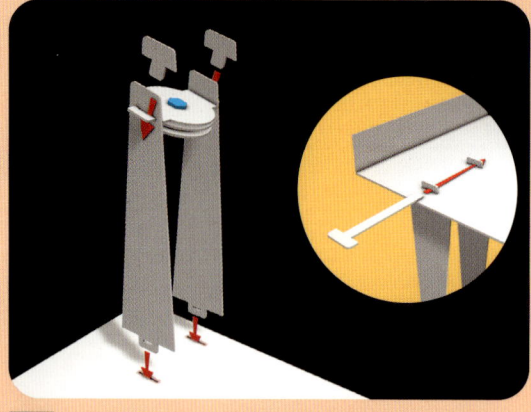

3 그림과 같이 K조각의 가장자리에 고정핀 Ac와 Ad조각을 끼워요. 만들어진 케이블카의 상단 기둥을 상자 바닥에 꽂아요. 상자 밑에서 고정핀 Ec조각을 끼워요.

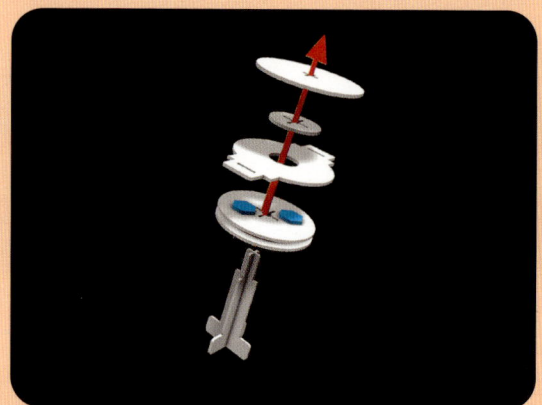

4 1번처럼 Bb조각 2개와 Ba조각을 겹쳐 볼트 2개로 조인 부품을 먼저 만들어요. Fa, Fb조각을 연결하여 축을 만들어요. 앞서 조립한 것에 L, Bc, Bf조각을 그림과 같이 순서대로 놓고, 가운데에 축을 꼽아 연결해요.

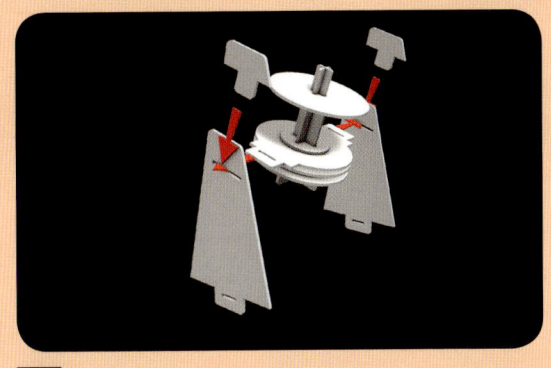

5 L조각의 가장자리에 2개의 낮은 기둥 Ae, Af조각을 끼워요. 그런 다음 양쪽에 고정핀 Ag, Ah조각을 끼워요.

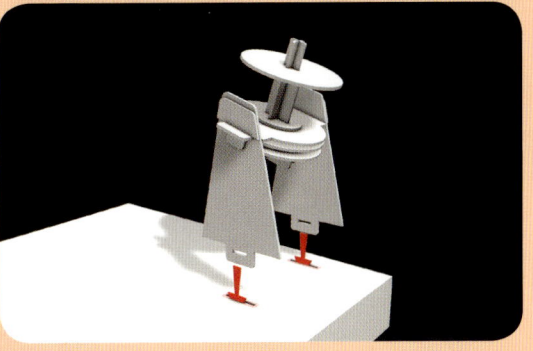

6 그림과 같이 만들어진 케이블카의 하단 기둥을 트레이 바닥 구멍에 꽂아요. 트레이를 뒤집어 고정핀 Ea조각을 끼워요.

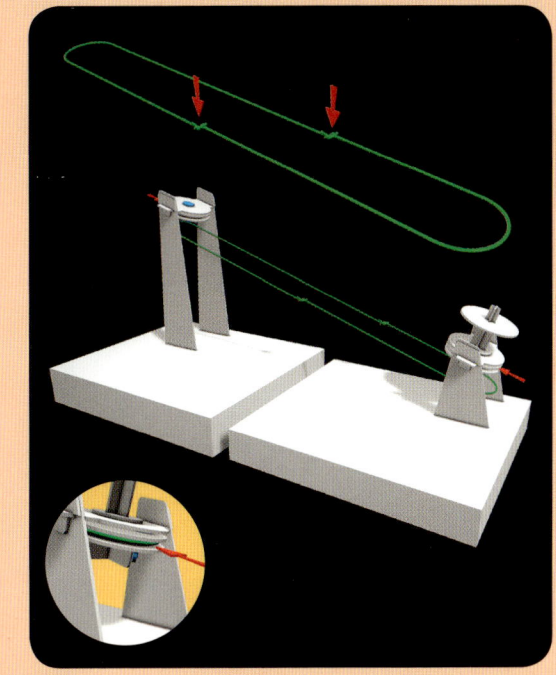

7 긴 줄 2개를 서로 묶어 고리를 만들어요. 그림과 같이 원형 부품의 틈에 줄을 끼워 넣어요. 두 바닥을 이동하여 줄을 팽팽하게 만들어요.

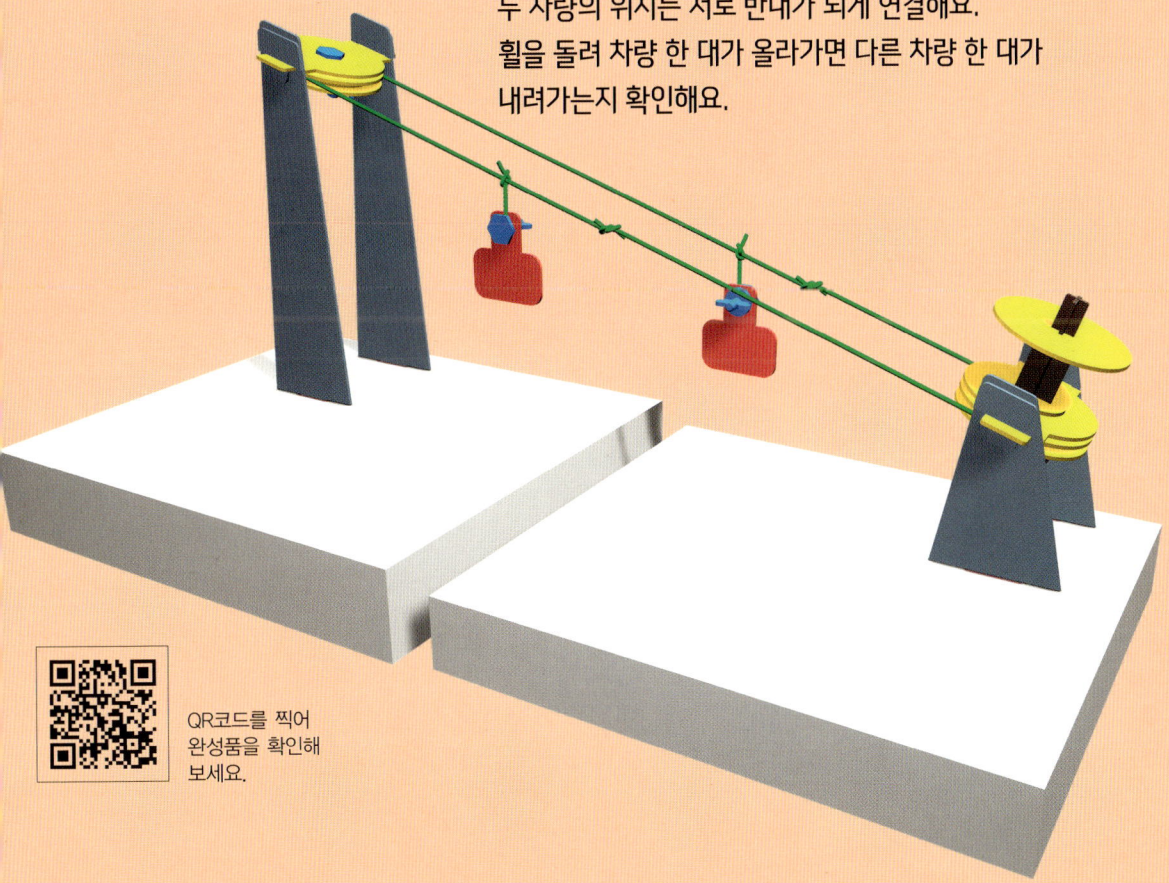

두 차량의 위치는 서로 반대가 되게 연결해요. 휠을 돌려 차량 한 대가 올라가면 다른 차량 한 대가 내려가는지 확인해요.

QR코드를 찍어 완성품을 확인해 보세요.

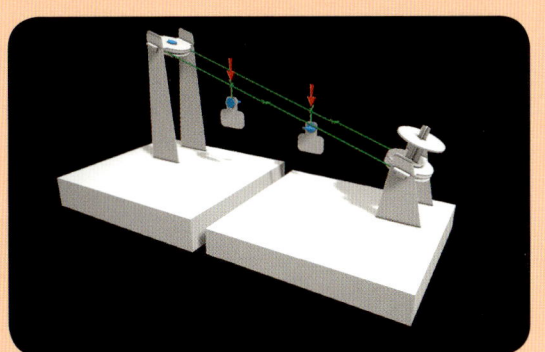

8 짧은 줄에 각각 케이블 차량 I조각을 볼트와 너트를 이용해 연결해요. 케이블 차량은 케이블에 연결해요.

크레인

1800년대까지만 해도 주로 사람의 힘으로 무거운 짐을 들어 올렸어요. 그러다 지레와 도르래라는 영리한 기계가 등장하면서 짐을 쉽게 들어 올릴 수 있게 되었지요. 그 뒤로 증기 엔진이 발명되면서 강력한 크레인이 만들어졌어요. 오늘날 가장 큰 크레인은 짐을 수천 톤까지 들어 올릴 수 있습니다.

크레인은 키가 크고 목이 긴 새, '크레인'에서 이름을 따왔어요.

수상 크레인

수상 크레인은 강과 바다에서 무거운 짐을 들어 올려요. 짐을 들어 올릴 때 기울어지지 않기 위해 수천 톤의 바닷물을 밸러스트 탱크에 넣어 수평을 유지합니다.

 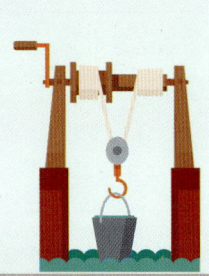  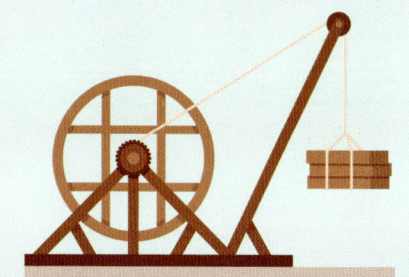 

샤두프(BC 2000)
고대 이집트에서 사용한 지레예요. 한쪽에는 물통이, 다른 쪽에는 균형을 잡기 위한 진흙 추가 있었어요. 강에서 물을 퍼 올릴 때 사용했습니다.

권양기(BC 1500)
손잡이를 돌리면 크랭크 바퀴에 감긴 줄이 돌아가요. 크랭크와 도르래 덕분에 우물에서 물을 최대 50 kg까지 퍼 올릴 수 있었어요.

최초의 크레인(BC 500)
삼각대라고 불리며, 고대 그리스에서 사용했어요. 약 150 kg까지 들어 올릴 수 있었으며, 나중에는 고대 로마인들도 사용했습니다.

트레드 휠 호이스트(BC 230)
고대 로마에서 사용된 크레인이에요. 사람이 나무 바퀴 안에서 걷는 힘으로 작동했어요. 도르래 1개로 이전보다 70배나 더 많은 3,500 kg까지 들어 올릴 수 있었습니다.

수상 크레인(1300년대)
최초의 수상 크레인은 14세기에 배 위에 만든 간단한 목재 구조물이에요. 서유럽의 강과 항구에서 사용했습니다.

세계 기록

타이선은 세계에서 가장 강력한 갠트리 크레인이에요. 수직 지지대 사이의 막대에 짐을 싣습니다. 현재는 중국 옌 타이의 조선소에 있으며, 20,000 t까지 들어 올릴 수 있다고 해요.

크레인의 쭉 뻗은 팔을 지브라고 해요.

금속 크레인(1834)
1834년에 처음으로 주철로 만든 크레인이 등장했어요. 이전까지 모든 크레인은 나무로 만들어졌거든요. 이 새로운 금속으로 더 강력한 크레인이 만들어졌습니다.

증기 크레인(1800년대)

고대의 크레인은 사람이나 동물의 힘으로 움직였어요. 그러다 1800년대에 증기 엔진으로 움직이는 크레인이 나왔고, 큰 성공을 거두었습니다.

이동식 크레인(1860년대)

트럭에 설치된 증기 크레인은 필요한 곳이라면 어디든지 갈 수 있었어요.

타워 크레인(1908)

보통의 타워 크레인은 최대 18 t까지 들어 올릴 수 있어요. 큰 타워 크레인은 100 t까지 들어 올릴 수 있습니다.

크레인 트럭(1922)

가장 큰 현대식 크레인 트럭은 1180 t까지 들어 올릴 수 있어요.

타워 크레인

타워 크레인은 대형 건설 현장에서 무거운 짐을 들어 올리는 일을 해요. 크레인의 고리는 지브를 따라 이동할 수 있는 트롤리에 매달려 있으며, 크레인 자체도 회전할 수 있어요. 크레인을 회전시키는 모터와 기어를 선회 장치라고 해요. 다른 모터는 짐을 들어 올리고 내리는 역할을 합니다.

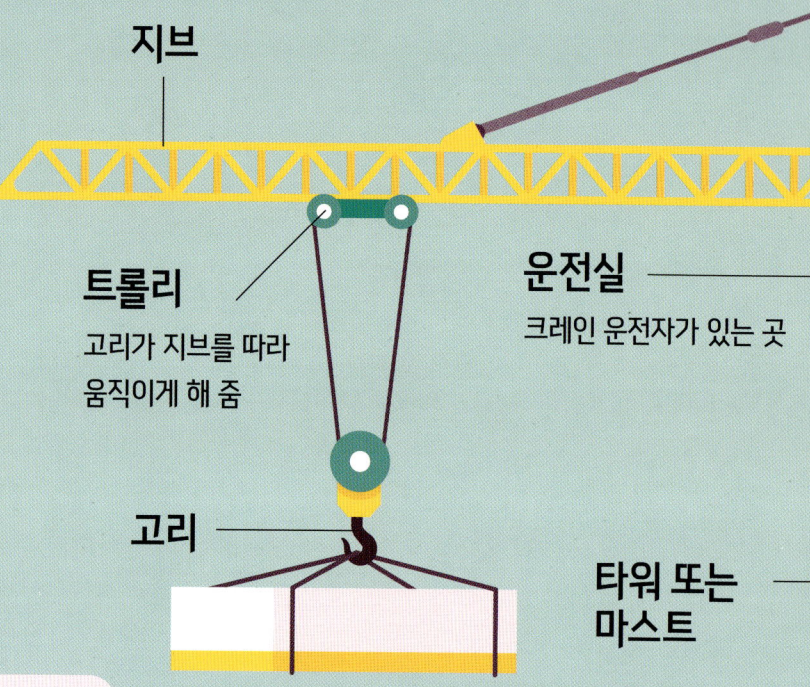

지브
트롤리 - 고리가 지브를 따라 움직이게 해 줌
운전실 - 크레인 운전자가 있는 곳
고리
타워 또는 마스트

무게의 균형

크레인이 짐을 들어 올리면 짐의 무게 때문에 기울어져요. 이때 타워 반대편에 있는 카운터 웨이트(평형추)가 마치 시소처럼 짐과 무게 균형을 맞춰요. 그 덕분에 크레인은 넘어지지 않고 안정된 자세를 유지할 수 있습니다.

불안정한 크레인

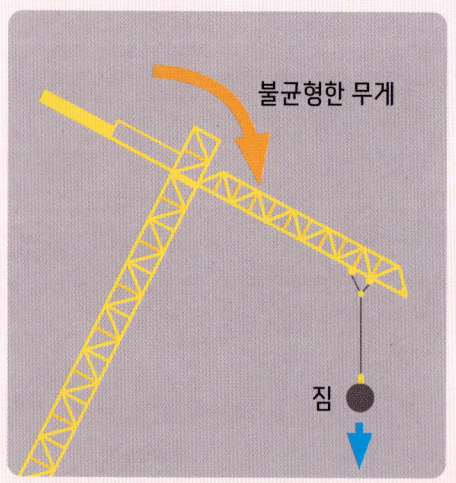

불균형한 무게
짐

안정된 크레인

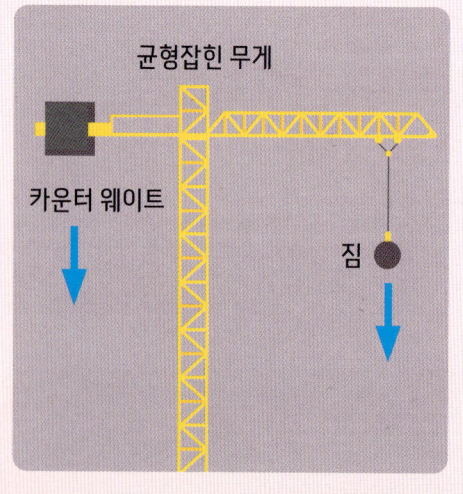

균형잡힌 무게
카운터 웨이트
짐

카운터 지브
평형추를 받치는 지브

카운터 웨이트(평형추)
지브와 짐의 무게 균형을 잡는 추

선회 장치
크레인을 회전할 수 있게 하는 모터와 기어

운전실
타워 꼭대기의 운전실에 앉아 있는 운전자는 레버를 조정해 고리를 위아래로 움직이고, 크레인을 회전시켜요. 큰 창문과 유리 바닥을 통해 모든 방향을 볼 수 있으며, 무선 통신으로 작업자들과 대화합니다. 때로는 수신호를 사용하기도 해요.

타워 크레인 설치
타워 크레인은 위로 올라가며 스스로 설치할 수 있어요. 운전실 아래에 타워 섹션을 설치할 수 있는 프레임이 있습니다. 그 프레임이 타워 섹션을 밀어 올려 공간을 만든 다음, 새로운 타워 섹션을 끼워 넣어요. 최종 높이에 도달할 때까지 같은 과정을 계속 반복하면 됩니다.

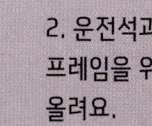

1. 타워 섹션을 설치해요.
2. 운전석과 프레임을 위로 올려요.
3. 다음 타워 섹션을 설치해요.

만들기 타워 크레인

준비물

너트 x 11, 볼트 x 11

Ca x 6
Ck
Ce
Ch x 2
Ci x 2
Cj
V x 2
Bb x 2
Ba x 4
Ea x 4
Fa
Fb
Da x 4

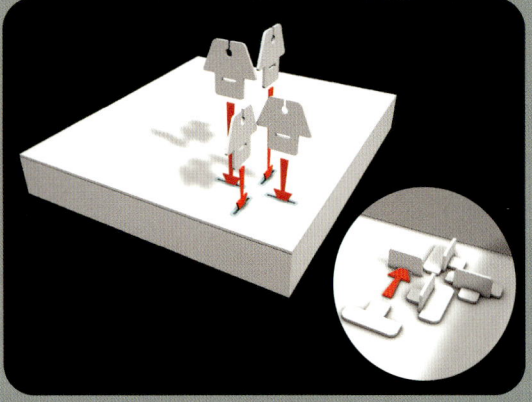

1 바닥을 고정할 Da조각 4개를 트레이 바닥 파란색 구멍에 꽂아요. 트레이를 뒤집어 고정핀 Ea조각 4개를 끼워요.

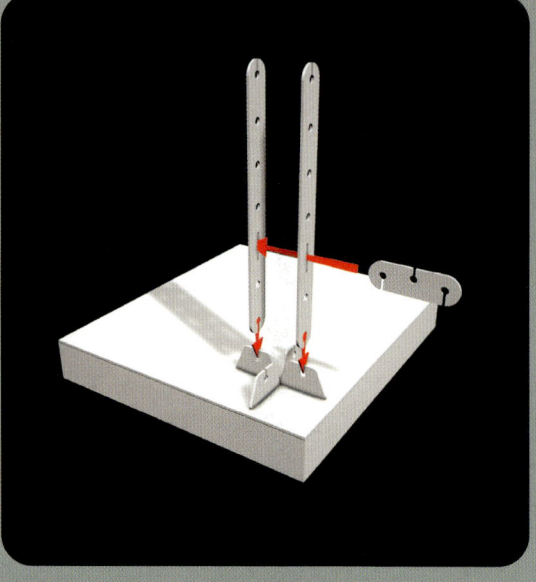

2 긴 막대 Ca조각 2개를 가져와 Da조각에 마주보게 끼워요. 두 막대 사이에는 중간 버팀대 Ci조각 하나를 끼워요.

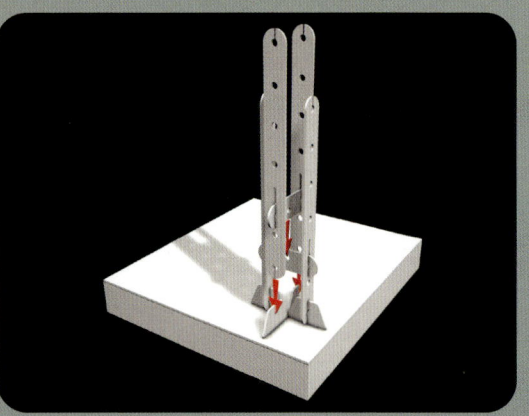

3 다시 긴 막대 Ca조각 2개를 끼워요. 막대를 잇는 중간 버팀대에는 Ch조각을 끼우고, 2번에서의 Ci조각과 서로 맞물리게 해요.

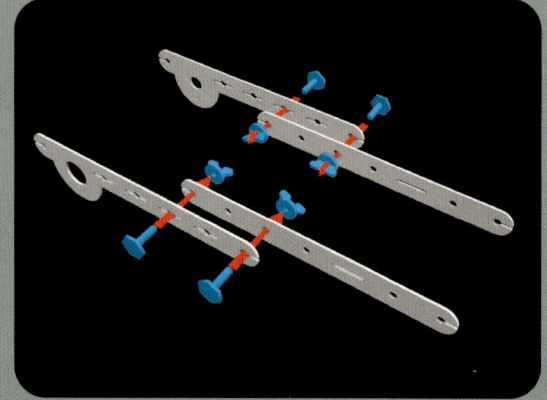

4 그림과 같이 Ck, Ce조각에 각각 Ca조각을 연결하고 볼트와 너트로 고정해요.

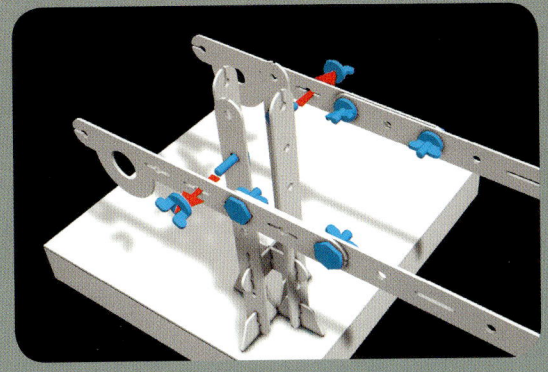

5 4번에서 조립한 두 팔을 바닥에 고정한 기둥에 연결해요. 평형추를 연결할 예정이므로 볼트와 너트를 너무 세게 조이지 않아요.

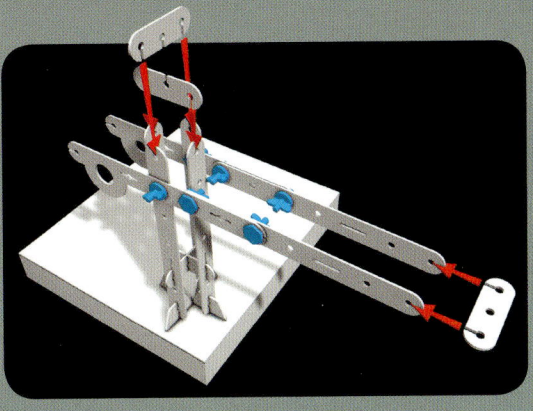

6 중간 버팀대 Ci, Ch조각을 기둥의 상단에 서로 교차되어 연결될 수 있게 끼워요. 크레인 팔의 끝에 Cj조각을 연결해요.

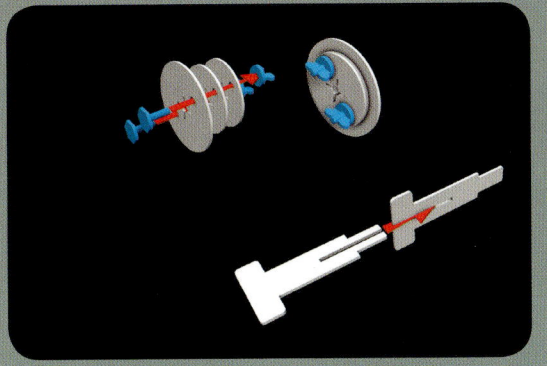

7 그림과 같이 원형 Bb조각 1개, Ba조각 2개를 조여 평형추를 만들어요. 이런 평형추를 2개 만들어요. Fa와 Fb조각을 결합하여 축을 만들어요.

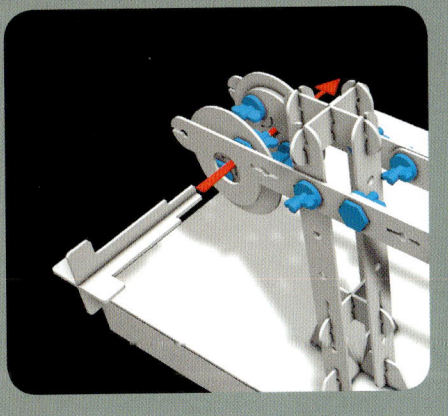

8 그림과 같이 크레인 뒤쪽 구멍에 7번에서 만든 2개의 평형추를 축 조각을 넣어 연결해요. 큰 구멍 쪽으로 축이 먼저 들어가게 해요. 크레인 팔이 무게 균형을 잡으면 5번에서 연결한 볼트를 다시 한번 조여요.

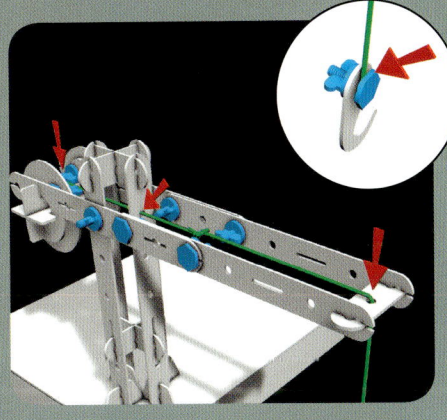

9 2개의 줄을 함께 묶어 길게 만들어요. 줄의 한쪽 끝에 고리 V조각을 볼트로 연결해요. 다른 쪽 끝은 크레인 팔 끝의 중간 구멍에 넣어요. 그 다음에는 위의 그림처럼 크레인 기둥의 구멍에 넣어요. 마지막으로 축에 매듭을 묶어 고정해요.

노란 바퀴를 돌려 크레인의 고리를 올리고 내려요.

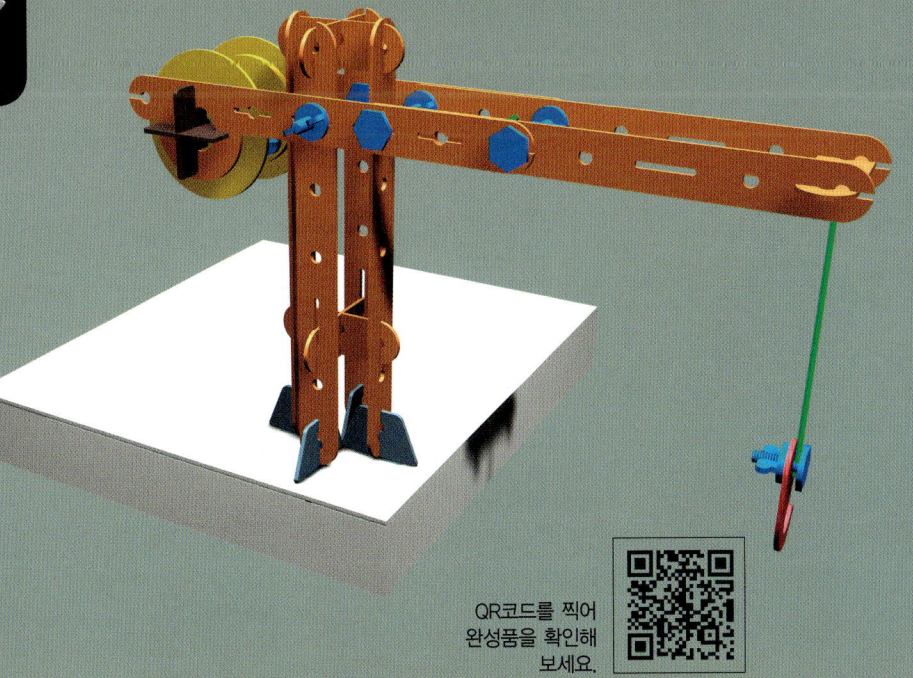

QR코드를 찍어 완성품을 확인해 보세요.

굴삭기

굴삭기는 땅을 파는 기계예요. 관절로 연결된 기계적인 팔을 가지고 있으며, 팔 끝에는 땅을 파고 흙을 퍼낼 수 있는 버킷이 달려 있어요. 굴삭기의 팔은 하나로 연결된 지레입니다.

위쪽 케이블이 버킷을 올리거나 내려요.

아래쪽 케이블이 버킷을 열거나 닫아요.

클램셸 버킷

클램셸 굴삭기
조개처럼 열리고 닫히는 버킷이 있는 굴삭기예요.

증기 삽(1839)
흙, 자갈 등을 퍼내는 수공구 또는 기계예요. 최초의 증기 삽은 증기 엔진으로 움직였으며, 1830년대부터 1930년대까지 증기 삽이 사용되었어요.

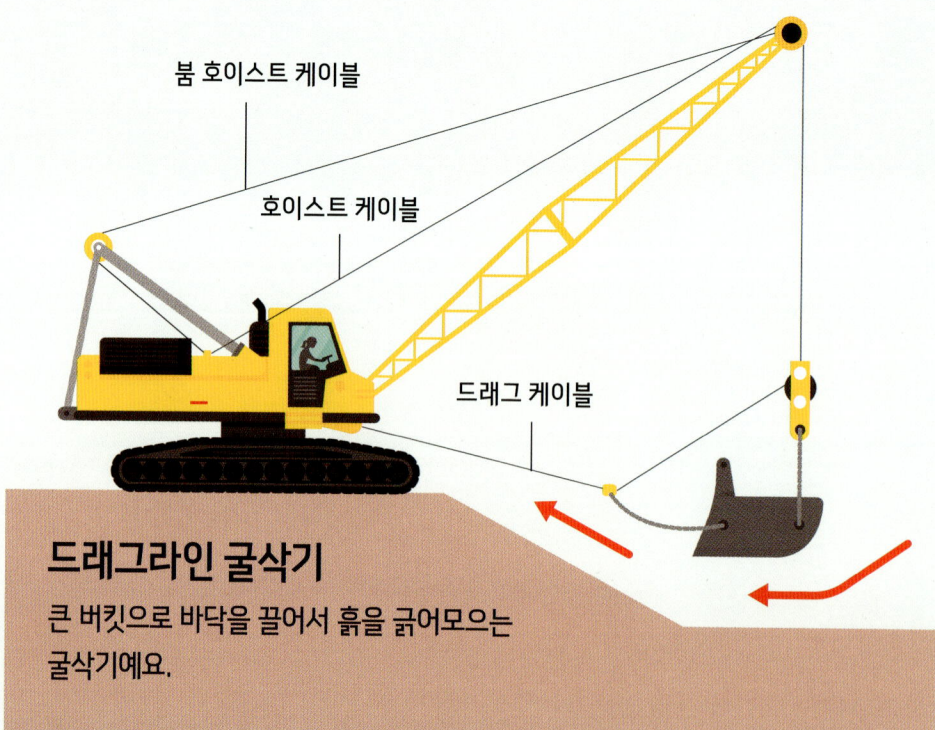

붐 호이스트 케이블

호이스트 케이블

드래그 케이블

드래그라인 굴삭기
큰 버킷으로 바닥을 끌어서 흙을 긁어모으는 굴삭기예요.

유압식 굴삭기
실린더 안에 있는 고압 오일의 힘으로 작동하는 굴삭기예요.

트랙
굴삭기에 자동차처럼 4개의 바퀴가 있으면, 부드러운 땅에 파묻혀 움직일 수 없어요. 대부분의 굴삭기는 바퀴 대신 트랙이라는 벨트를 가지고 있어요. 트랙은 굴삭기의 무게를 분산시켜 땅에 묻히지 않고 움직일 수 있게 합니다.

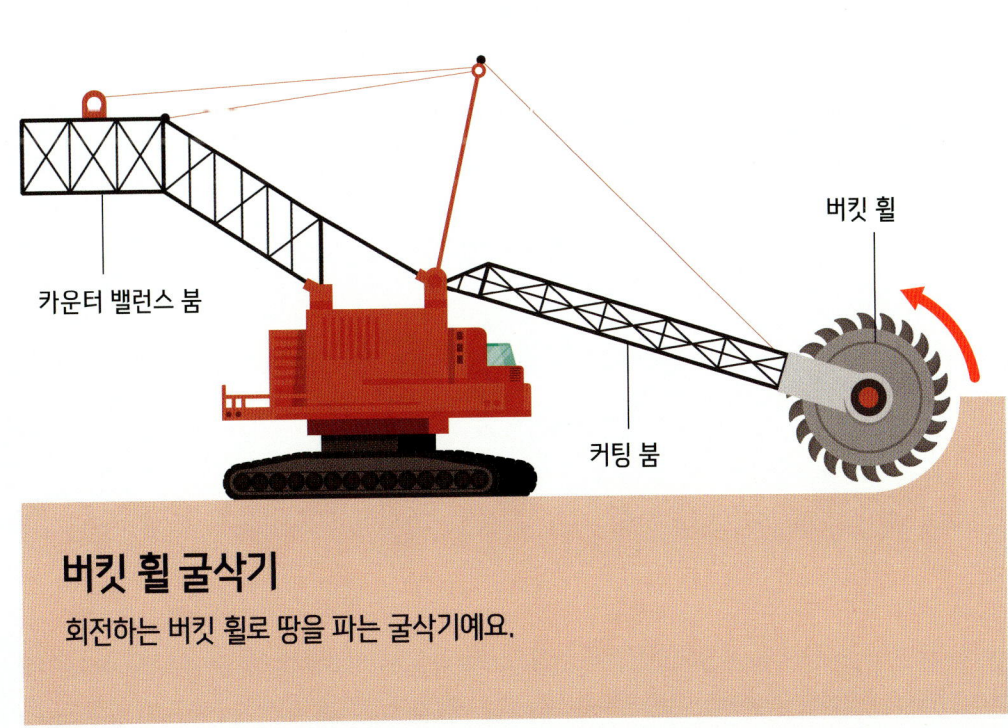

버킷 휠 굴삭기
회전하는 버킷 휠로 땅을 파는 굴삭기예요.

오일의 힘
유압식 굴삭기가 팔을 움직이는 힘은 유압 펌프에서 나와요. 엔진이 오일을 실린더로 펌핑하고, 오일은 압축될 수 없으므로 실린더 내부의 피스톤을 밀어내요. 이 밀어낸 힘으로 굴삭기의 팔이 움직입니다.

유압식 실린더

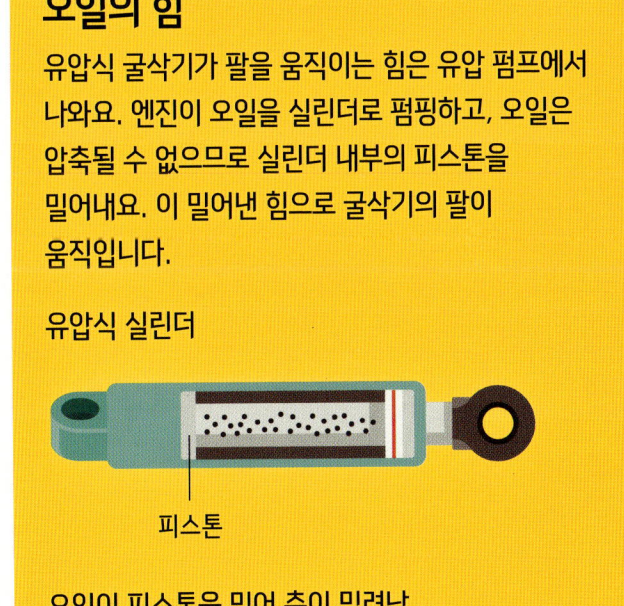

피스톤

오일이 피스톤을 밀어 축이 밀려남

유압 오일

배거 293

배거 293은 세상에서 가장 크고 무거운 버킷 휠 굴삭기예요. 길이 225 m로, 해양 선박만큼이나 거대해요. 발전소에서 사용할 석탄을 캐는 일을 하는 데 쓰입니다.

배거 293의 무게는 14,200 t이에요.

케이블
버킷 휠의 큰 무게를 견디게 해요.

운전실
운전자가 앉아서 기계를 제어해요.

컨베이어 벨트
버킷 휠로 판 흙을 옮겨요.

버킷 휠
지름이 21 m로, 빙빙 돌아가며 흙을 파내요.

36

거대한 트랙

배거 293은 12개의 트랙으로 천천히 움직여요(앞쪽 8개, 뒤쪽 4개). 각 트랙은 폭 3.6 m, 길이 14 m로, 학교 버스와 맞먹는 크기예요. 최고 속도는 시간당 0.6 km/h를 약간 넘습니다.

거대한 스쿠프

버킷 휠의 가장자리를 둘러싸고 있는 18개의 커다란 스쿠프는 자동차만큼이나 커요. 스쿠프 하나에 15,000 L의 물을 담을 수 있어요.

배거 293은 1995년에 만들어졌어요.

배거 293은 매일 96개의 올림픽 수영장을 채울 만큼의 흙을 파내요.

만들기 굴삭기

준비물

너트 x 11, 볼트 x 11
S x 2
Ck
Ce
Dc x 2
Ca x 3
Cc x 2
x 2
Fc Fd
R
J x 3
Bd x 2
Be x 3
M
N
O

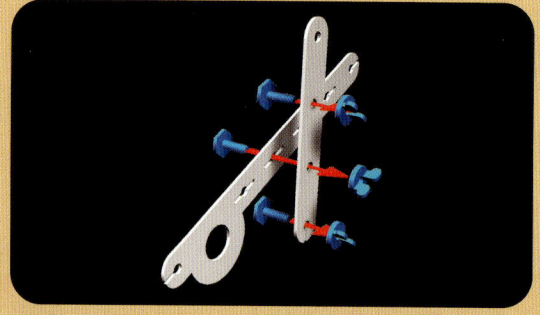

1 그림과 같이 Ck와 Cc조각을 볼트로 연결해요. 연결된 Cc조각에 2개의 볼트를 추가해요. 버킷을 제어하는 지레예요.

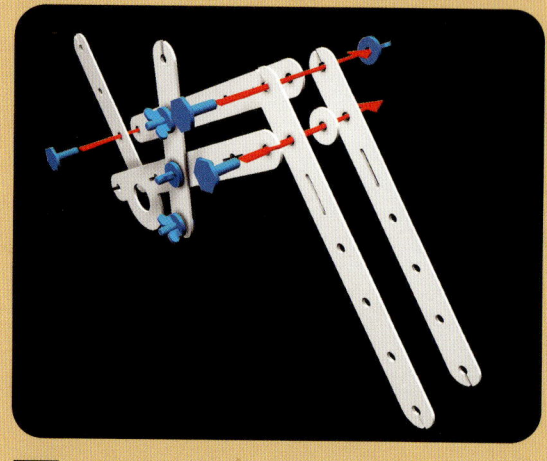

2 1번에서 조립한 지레에 Ca조각 3개를 그림과 같이 연결해요. 두 팔 Ca조각 사이에는 원형 J조각을 잊지 말고 추가해 볼트만 끼워요. 그림과 같이 위쪽 Ca조각 한쪽 끝에는 Cc조각을 볼트로 고정해요.

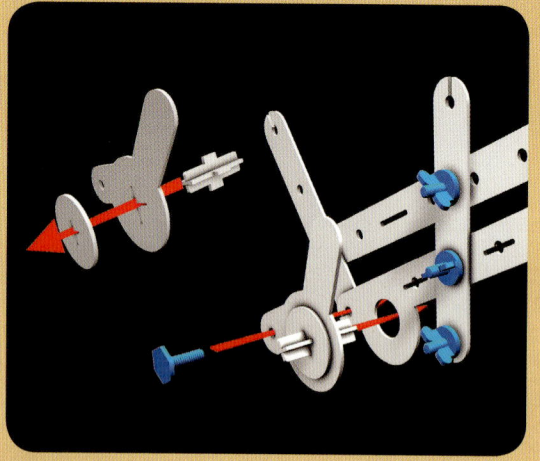

3 Fc와 Fd조각을 연결하여 축을 만들어요. 축의 한쪽에 M조각과 Be조각을 끼워요. 그다음 그림과 같이 앞서 조립한 부분의 Ck조각 구멍에 넣어요. 그다음 M, Ck, Cc조각의 끝 쪽 구멍을 하나로 맞춰 볼트를 끼워요.

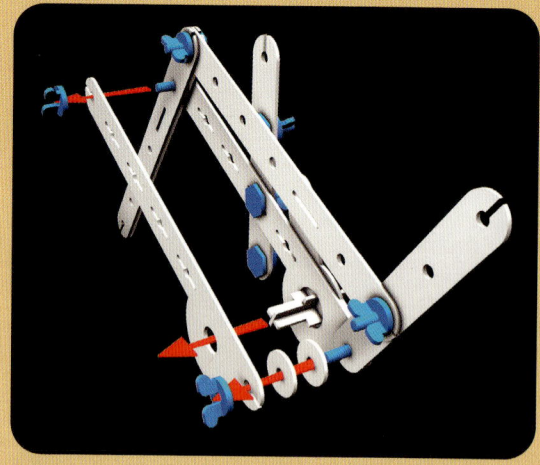

4 원형 J조각 2개와 Ce조각의 끝을 앞서 끼워준 Ck조각의 볼트에 넣고 너트로 조여요. 나머지 볼트도 그림과 같이 연결해요. 조립되는 볼트는 움직여야하므로 너무 세게 조이지 않아요.

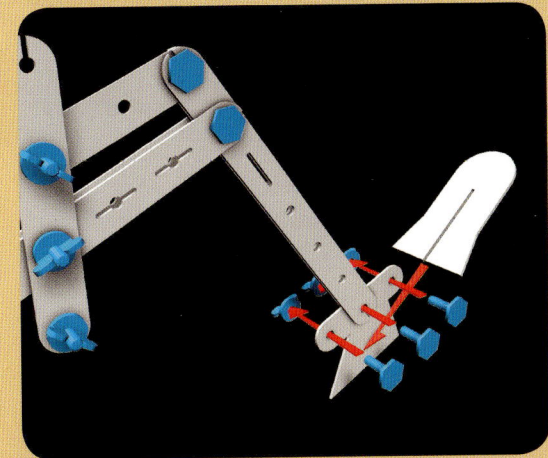
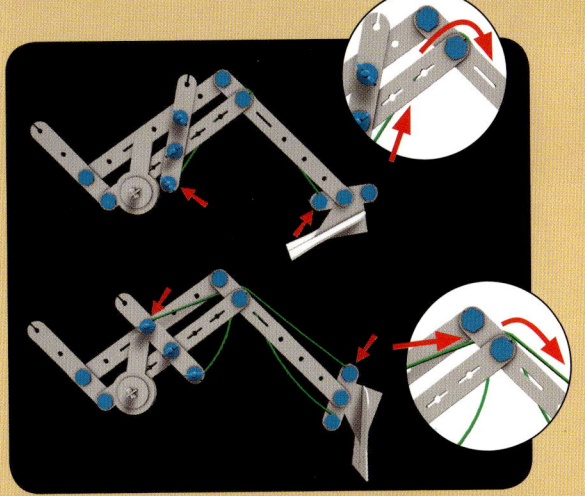
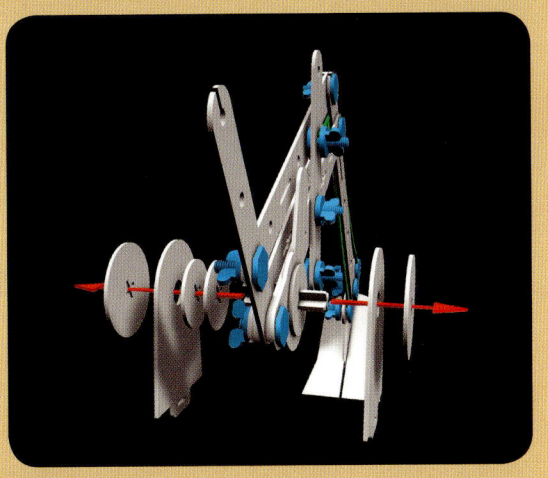

5 2개의 Ca조각 사이에 N조각을 끼우고 볼트로 고정해요. 다음 순서에서 줄을 추가해야 하므로 너무 꽉 조이지 않아요. N조각에는 버킷이 될 O조각을 끼워요.

6 2개의 줄을 준비해요. 줄 하나를 버킷의 안쪽 너트에 고정해요. 그림과 같이 줄을 Ca조각의 팔을 지나, Cc조각의 아래쪽 너트에 고정해요. Cc조각을 앞으로 밀어, 버킷을 바깥으로 움직여요. 두 번째 줄을 버킷의 바깥쪽 너트에 고정해요. 그림과 같이 줄을 Ca조각 팔을 지나 Cc조각의 위쪽 너트에 고정해요.

7 왼쪽에는 원형 Be조각 2개, 바닥 스탠드 Dc조각, 큰 원형 Bd조각을 축에 끼워요. 오른쪽에는 바닥 스탠드 Dc조각과 큰 원형 Bd조각을 순차적으로 끼워요.

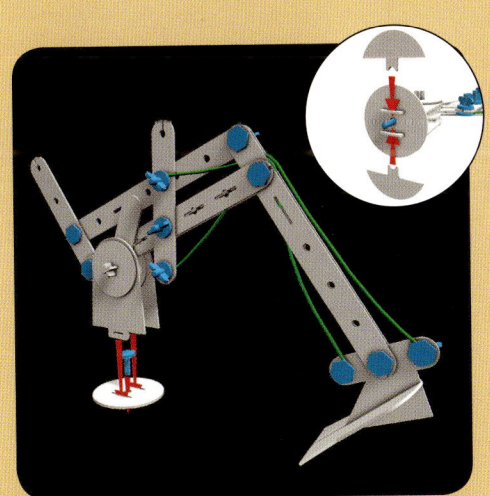
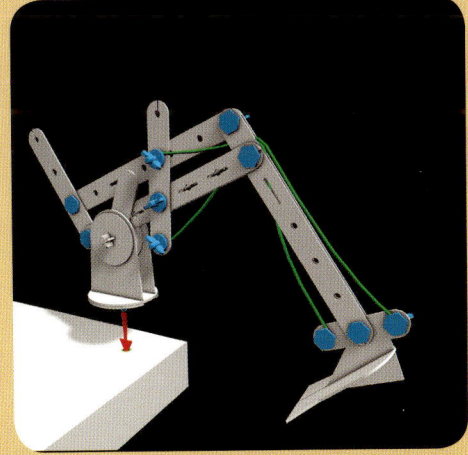
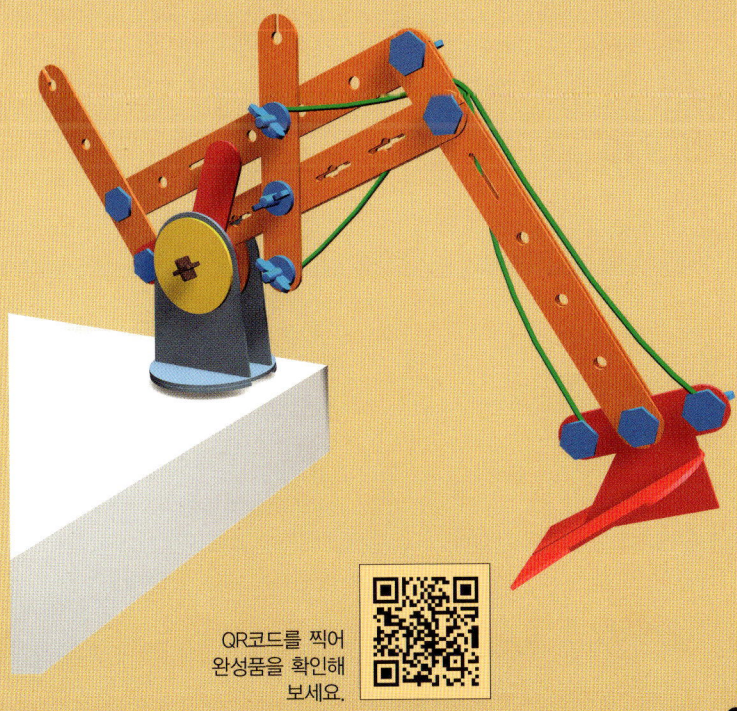

8 R조각 중앙에 볼트를 끼워요. 7번에서 조립된 팔을 R조각에 연결하고 밑에는 S조각을 양쪽에 끼워 고정해요.

9 볼트를 상자 바닥의 구멍에 끼우고 밑에서 너트를 조립해요.

QR코드를 찍어 완성품을 확인해 보세요.

로봇

로봇은 체코어 '로보타'에서 나온 말로, '고된 일'이라는 뜻이에요. 보통은 사람이 하는 일을 대신하는 기계를 로봇이라고 해요. 사람처럼 생긴 로봇도 있고, 기계의 팔처럼 생긴 로봇도 있어요. 한 곳에 고정된 로봇도 있고, 걷거나 트랙, 바퀴를 이용해 이동하는 로봇도 있어요. 로봇의 팔과 다리는 전기 모터로 움직입니다.

고대의 오토마타

날개를 펄럭이는 새나 움직이는 조각상 같은 기계는 2000년 전 고대부터 있었어요. 바람, 물, 추 등을 이용한 지레로 움직였습니다.

매년 로봇끼리 서로 경쟁하는 세계 로봇 축구 대회가 열려요.

레오나르도 나이트(1495)
갑옷을 입은 기사예요. 40개의 축으로 팔이나 머리를 움직일 수 있어요.

클락워크 오토마타(1700년대)
글을 쓰거나 음악을 연주할 수 있어요.

에릭(1928)
영국의 인간형 로봇으로, 앉거나 설 수 있지만 걸을 수는 없어요.

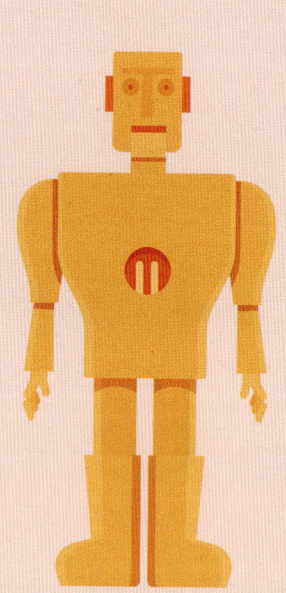

일렉트로(1938)
미국의 인간형 로봇으로, 걷거나 말할 수 있어요.

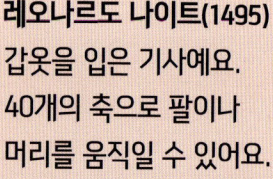

유니멧(1960)
최초의 산업용 로봇 팔이에요.

일하는 로봇

전 세계 공장에서 백만 개 이상의 로봇이 일하고 있어요. 대부분 페인팅, 용접, 짐을 나르는 로봇 팔 등이며, 이러한 로봇을 '산업용 로봇'이라고 합니다.

균형 맞추기

두 다리로 걷는 일은 로봇에게 매우 어려워요. 네 다리로 걷기가 훨씬 쉽습니다. 빅 독은 네 다리를 걷고 달리는 로봇이에요.

사람처럼 음식으로 에너지를 만드는 로봇도 있어요.

사람처럼 생긴 로봇을 '휴머노이드' 또는 '안드로이드'라고 해요.

  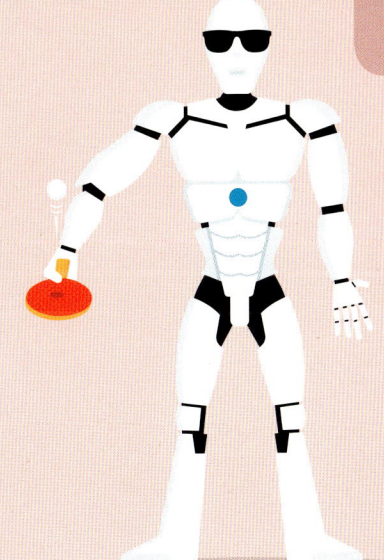  

아이보(1999)
장난감 로봇 개예요. 걷고, 짖고, 울고, 으르렁거리고, 꼬리를 흔들고 공을 가지고 놀 수 있어요.

아시모(2000)
가장 진보한 휴머노이드 로봇 중 하나예요. 걷고, 뛰고, 계단을 오르고 춤을 출 수 있어요.

토피오 3(2009)
탁구를 하는 멋진 인간형 로봇이에요.

아이큐브(2010)
5살짜리 아이와 매우 비슷한 인간형 로봇이에요.

로보넛 R2(2011)
국제 우주 정거장에서 우주 비행사를 돕는 인간형 로봇이에요.

조립 라인 로봇

공장에서 자동차를 만들 때 로봇을 사용해요. 자동차가 라인을 따라 움직이면 부품들이 조립돼요. 사람이 조립하기도 하고, 로봇이 조립하기도 해요. 로봇은 같은 작업을 끊임없이 반복할 수 있고, 위험하거나 지루한 일을 대신할 수도 있습니다.

자동차를 만드는 로봇 팔은 한 곳에 고정되어 있어요.

도색(칠하기)

로봇이 차체에 페인트를 뿌려요. 페인트는 날씨에 따라 금속이 녹슬지 않게 하며, 차를 돋보이게 합니다.

사람보다 로봇이 더 빠르게 잘 칠해요.

차체가 조립 라인을 따라 움직여요.

차체(차의 몸체)

로봇이 차체에 필요한 여러 가지 부품을 모아서, 지그라는 프레임에 고정해요. 지그는 부품들이 서로 결합될 때까지 차체를 붙듭니다.

용접(녹여서 붙이기)

금속 부품의 일부를 전기로 가열해서 녹인 다음, 다시 붙이는 것을 용접이라고 해요. 용접은 차체를 더 튼튼하게 만듭니다.

로봇은 쉽게 눈에 띄도록 밝은 색상으로 칠해져 있어요.

구성

로봇 차량이 엔신이 장착된 섀시라는 메인 프레임을 가져와요. 섀시가 차체 아래로 이동한 뒤, 두 개가 결합됩니다.

로봇은 강한 동시에 매우 부드럽게 움직일 수 있어요.

접착(붙이기)

로봇이 자동차 앞쪽 창틀에 접착제를 바르면 다른 로봇이 앞 유리를 틀에 딱 맞게 올려놓고 누릅니다.

만들기 로봇 팔

준비물

너트 x 10, 볼트 x 10

Gf
Ge
Gg
U
Ga Gb
Cf x 2
Cc x 2
Ba x 2

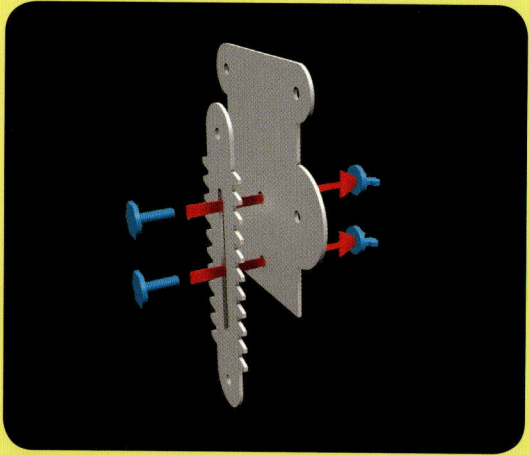

1 Ge와 U조각을 2개의 볼트로 연결해요. 너트를 너무 세게 조이지 않아요.

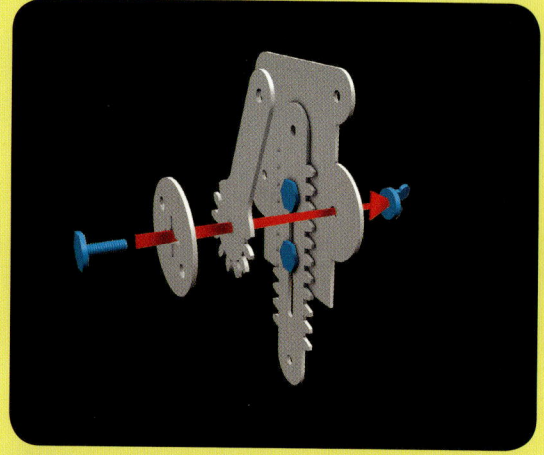

2 그림과 같이 Ba와 Gf조각을 U조각에 볼트로 연결해요. 너트를 너무 세게 조이지 않아요.

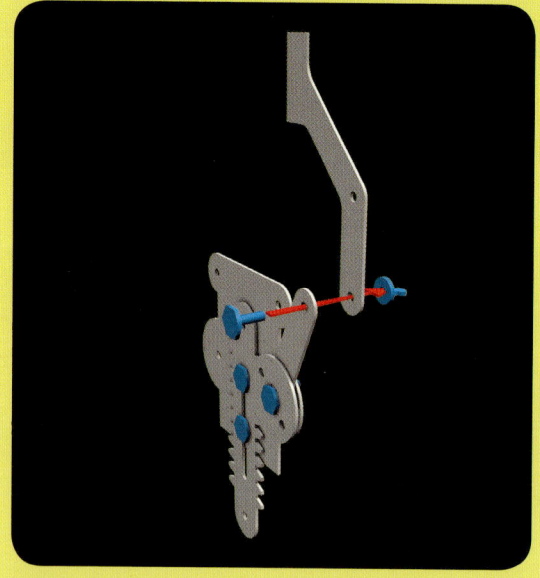

3 Gf조각 끝에 Ga조각을 연결해요.

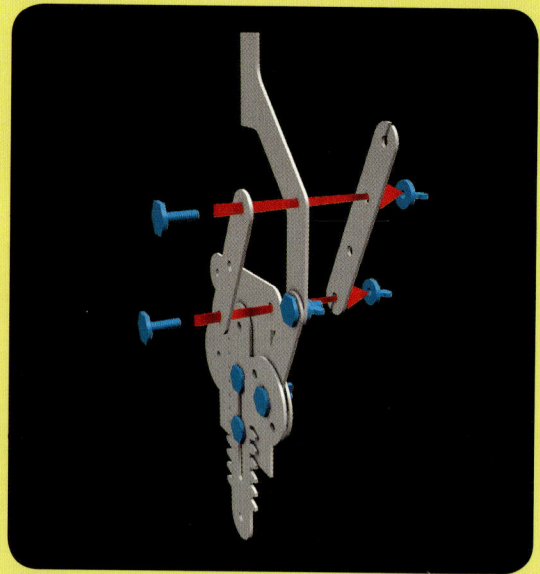

4 그림과 같이 Ga와 U조각 위에 Cf와 Cc조각을 연결해요.

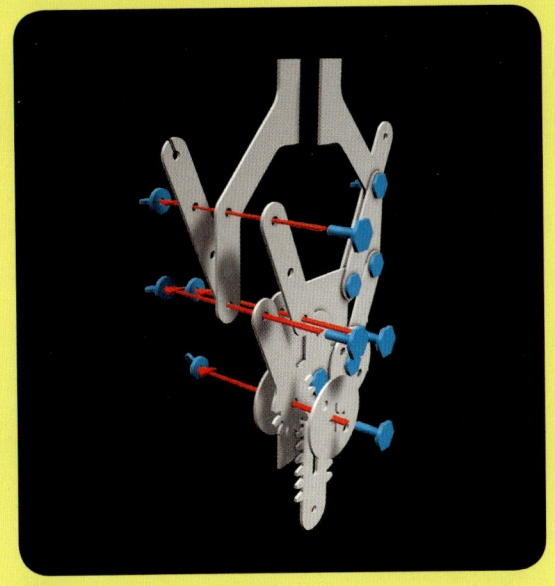

5 2~4번에서 조립된 순서와 같은 방식으로 반대쪽의 로봇 팔을 만들어요.

6 로봇 팔이 완성되었어요.

QR코드를 찍어
완성품을 확인해
보세요.

로봇 팔 아래쪽의 파란 부분을 위로
밀면 손이 열려요. 아래로 당기면
손이 닫힙니다.

45

주요 용어 풀이

강철 철, 탄소 및 기타 재료의 합금.

공중 전차 지상 위에 매달린 밧줄이나 케이블을 따라 움직이는 하나 이상의 차량으로 만든 운송 시스템. 유럽에서는 케이블카로 알려져 있음.

국제 우주 정거장 과학 연구에 사용되며 지구를 돌고 있는 거대한 유인 우주선.

굴삭기 땅을 파는 기계.

권양기 수평축 주위에 줄이나 체인을 감아 무거운 짐을 들어 올리는 기계.

기계적인 기계의 힘으로 움직임.

도개교 한쪽 또는 양쪽으로 올라가 열리는 다리.

드래그라인 굴삭기 케이블로 버킷을 끌어당기는 대형 굴삭기.

랙 철도 철도 중앙을 따라 톱니가 있어, 기차의 톱니와 결합하여 가파른 경사를 오르게 해 줌.

무게 중력으로 인해 아래 방향으로 작용하는 힘.

받침점 물체를 떠받치는 지레를 받친 점.

빔 건물이나 구조물의 들보나 다리.

산업용 로봇 기계 팔 모양으로 생겨 공장에서 물품을 올리기, 이동, 도장, 용접 등의 작업을 프로그래밍하여 자동으로 하는 기계.

선회 둘레를 빙글빙글 도는 것.

센서 물리적 특성을 감지하거나 측정하는 장치.

에너지 일하는 능력, 새로 생성되거나 사라질 수 없지만 다른 형태로 변환됨. 핵, 지열, 열, 전기 등 다양한 형태로 존재함.

우주 비행사 우주를 비행하기 위해 특별한 훈련을 받은 사람.

유압 오일에 압력을 가해 피스톤 따위의 동력 기계를 작동하는 일.

인공 지능(AI) 사람과 같이 지능을 가진 컴퓨터 시스템.

작용점 물체에 힘이 작용할 때 그 힘이 미치는 점.

증기 엔진 나무나 석탄을 태워 나오는 증기를 사용하여 움직이는 장치.

지브 크레인의 팔.

축 하나 이상의 바퀴 또는 기어의 중간을 통과하는 막대.

콘크리트 모래, 자갈, 시멘트 및 물의 혼합물 건축 자재로 사용되며 돌처럼 단단함.

크랭크축 크랭크로 구동되는 회전 막대.

크레인 무거운 물건을 들어 올리는 긴 팔 지브와 기둥을 가진 기계.

트랙 굴삭기와 같은 차량 바퀴로 사용되는 커다란 금속 고리, 부드러운 땅에 차량이 가라앉지 않도록 무게를 분산시켜 줌.

펌핑 압력을 통해 액체나 기체를 흘러나오게 하는 것.

평형추 다른 무게와 균형을 이루게 만드는 추.

피스톤 원통형 모양으로, 실린더 내부에서 위아래로 움직이는 부품.

현수교 양쪽에서 철선이나 쇠사슬을 건너지르고, 거기에 의지하여 매달아 놓은 다리.

호이스트 감아 올려서 물체를 들어 올리는 기계.

휴머노이드 인간처럼 보이는 로봇.

힘 물체의 속도, 방향, 크기 또는 모양을 변화시키는 것.

힘점 지레 따위로 어떤 물체를 움직일 경우 그 물체에 힘이 작용하는 점.

새로운 만들기

지금까지 기본 기계요소 5개와 움직이는 기계 5개를 만들었어요.
책에서 배운 지식과 기술을 응용해 새로운 작품을 만들어 보세요.
여러분을 위해 몇 가지 아이디어를 소개할게요.

나만의 핀셋
준비물:
너트 x 4, 볼트 x 4, Ca x 2, J x 2 고무줄(제공되지 않음)

나만의 올라가는 지레
준비물:
너트 x 6, 볼트 x 6, Ca x 6, Da, Ea, J

나만의 도르래
준비물:
너트 x 11, 볼트 x 11, Ca x 5, Cd x 2, Cc x 3, Ha, Q, Ba x 4, Bb x 4, Da x 4, Ea x 2

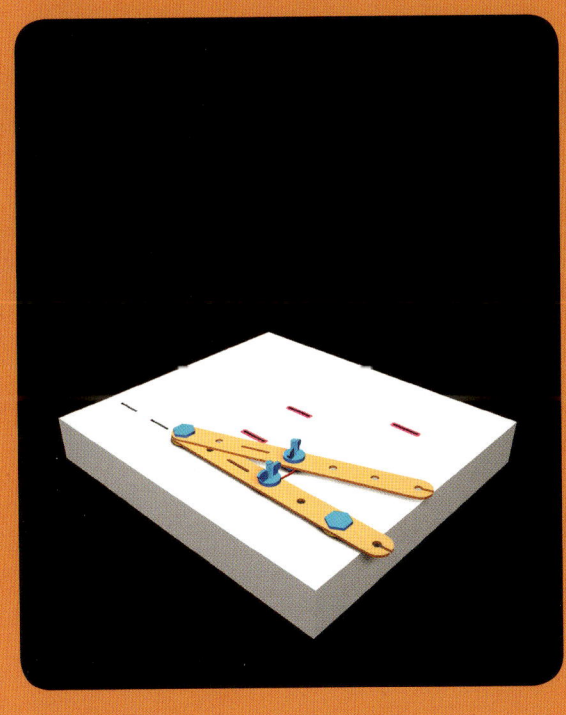
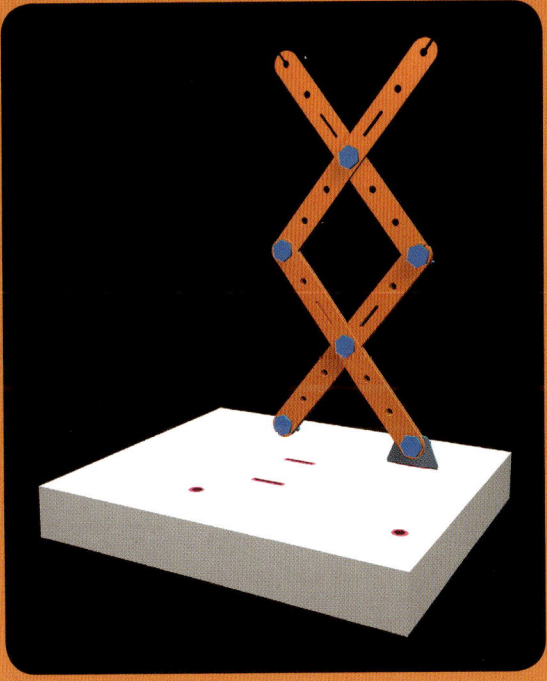
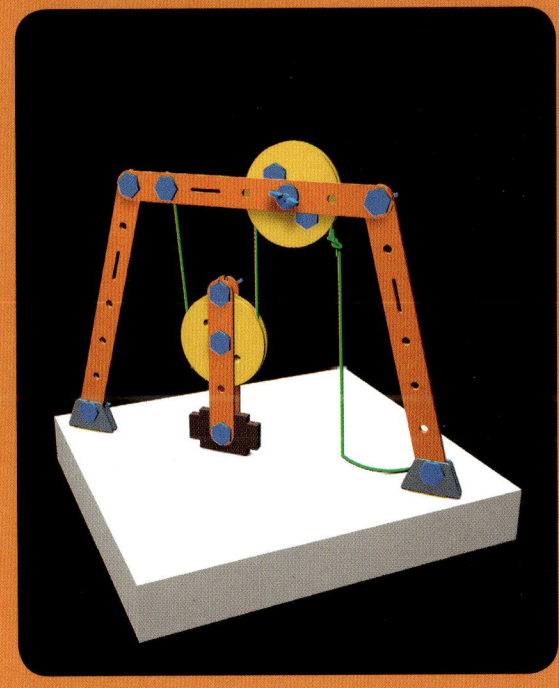

완전히 새로운 작품 만들기

이제 완전히 다른 작품을 만들어 보세요. 엉뚱한 기계도 좋아요! 어디에 사용하나요?
어떻게 움직이나요? 무엇을 할 수 있나요? 계속 움직이나요?

찾아보기

가위 6
갠트리 크레인 29
공중 전차 24-25
교각 18-19
권양기 28
기계 만들기
　굴삭기 4-5, 34-39
　기어 8-9, 10, 19, 21, 30
　도개교 16-21
　도르래 12-13, 28
　랙과 피니언 10-11
　로봇 팔 44-45
　지레 4, 6-7, 19, 28, 40
　케이블카 22-27
　피스톤과 크랭크 15
　타워 크레인 5, 29, 30-33

끄덕이는 당나귀 14

드래그라인 굴삭기 34

로봇 40-45

마찰력 4
무게 4, 6, 12, 30

받침점 6-7
배거 293 36-37
버킷 휠 굴삭기 35, 36-37
붐 5

산업용 로봇 40-41, 42-43
선회 장치 30-31
손수레 6
쇠지레 6
수중 크레인 28
시계 8
시소 6, 30

안드로이드 41
에너지 5, 41
오일 4-5, 14, 35
오토마타 40
유압 5
유압식 17, 35

자동차 8, 10, 12, 14, 42-43
작용점 6-7
전기 모터 8, 19, 22, 40
조립 라인 로봇 42-43
증기 엔진 19, 28-29, 34
증기 삽 34
지그 43
지브 5, 29, 30-31
철탑 22, 24

카운터 웨이트 19, 30, 31
케이블 22-23, 36
크랭크 14-15, 28
크랭크축 14
크레인 5, 12, 28-33
클램셸 굴삭기 34

타워 브리지 17, 18-19
토크 8
트랙 4, 35, 37

팜 스프링스 공중 전차 24-25
펌프 잭 14
피라미드 6
피스톤 14-15
핀셋 6

현수교 18
호이스트 28, 34
휴머노이드 40-41
힘 4, 6, 12, 30
힘점 6-7
힘의 이득 6